AF310678

PALAIS

DE

L'EXPOSITION UNIVERSELLE DE 1867

« L'union fait la force. »

(Voir l'atlas pour les planches)

Le Palais de cette Exposition universelle de 1867 est
la plus vaste construction métallique qui ait été créée de
nos jours ; construction éphémère, appelée à être aussi
rapidement détruite qu'édifiée et à ne laisser dans l'esprit
de ceux qui l'ont vue, qu'un souvenir merveilleux, mais
bientôt lointain. Bientôt, en effet, dans cette plaine immense, piétinée par les chevaux de notre cavalerie, sil-
lonnée par les trains de nos équipages militaires, on
cherchera en vain la trace de ce vaste monument, qui,
au moment où nous écrivons, renferme encore tant de
richesses et réunit tant de nations !

Nous avons lieu de croire que, par suite des nombreuses
publications qui en ont été faites, personne n'ignore ni
la forme ni les dispositions générales de cet édifice gigantesque. Aussi, nous bornerons-nous à une description
sommaire.

En plan, la forme extérieure est sensiblement celle d'un
ovale. C'est un rectangle de 110 mètres de largeur, se
terminant par deux demi-cercles égaux de 380 mètres de
diamètre. La coupe transversale (pl. 9), la même à tous

les points du circuit géométrique, donnera une idée suffisamment exacte de l'ensemble du monument, les figures
formées par les axes des diverses galeries, étant toutes
semblables entr'elles et à la figure extérieure dont nous
venons de donner la définition.

Seize galeries, équidistantes au périmètre extérieur,
concourent vers la partie centrale : les quatre principales d'entr'elles sont disposées suivant les deux axes de
la figure elliptique, les autres rayonnent du centre de
chaque demi-cercle aux sommets d'un polygone régulier
de 12 côtés. A ces passages supérieurs, correspondent
autant de galeries inférieures communiquant chacune avec
un puits d'aérage extérieur et avec des galeries souter-
raines concentriques $A^1 A^4 A^6 A^8$, destinées à la ventilation
du palais. Des caillebotis à treillis de bois permettent le
passage de l'air frais d'une galerie rayonnante inférieure
à la galerie supérieure correspondante.

La ventilation est en partie naturelle et en partie forcée,
principalement pour les galeries intérieures de 3 à 9, dans
lesquelles, par huit des galeries rayonnantes, des ventilateurs du système Perrigault, peuvent envoyer 250,000
mètres cubes d'air frais, calculés sur une provision de
10 m. c. par heure, pour chacun des 25,000 visiteurs
que ces galeries peuvent contenir.

Les eaux de pluie, recueillies par les chéneaux, sont
écoulées par divers conduits en fonte on en zinc dans
les égoûts concentriques EEE, en béton Coignet, communiquant avec l'égout collecteur C, se déchargeant dans
celui de la ville.

Le groupe des galeries intérieures forme un ensemble
de charpente en fer du système ordinaire, dit à la Polon-
ceau, auquel nous nous arrêterons peu. Des lanterneaux
vitrés, portés par des balustres, éclairent l'intérieur des
galeries dont elles permettent l'aérage par des persiennes

latérales.; la couverture est en zinc sur voliges et che-
vrons en location pour 5 fr. le mètre carré : les fermes
sont réunies entre elles par 9 rangs de pannes en fer à
double T de 180 — 100 et 160 — 80. Les arbalétriers
en fer à double T de 220 — 100 et 200 — 90, sont fixés
par des consoles aux colonnes creuses en fonte a, entretoisées par des caissons b, également en fonte et creux,
servant en même temps à l'écoulement des eaux des chéneaux C dans les colonnes a. M. Rigolet, de Paris, et
MM. Joly, d'Argenteuil, ont exécuté chacun la moitié
des galeries 4 à 9, offrant un poids de 3,000 tonnes environ pour 50,000 m. q. de surface. Soit 28 fr. le mèt. ;
les prix des matières étant les suivants :

Fonte. . . . . (grosses pièces... 32^f,50 les 100 kilog.
(petites　id. ... 53 ,00　　id.
Fers divers de construction.... 53 ,00　　id.
Tôles minces pour persiennes.. 115 ,00　　id.

Les galeries 10-11, et la marquise contournant le
jardin central ont été construites par M. Eiffel. L'entre-
prise des deux galeries était de 163,000 fr. et compre-
nait 223 tonnes fer et fonte à 52 fr. en moyenne pour la
galerie 10 ; et 72 tonnes pour la galerie 11. Celle de la
marquise était de 72,000 fr. correspondant à 78 tonnes
de fer à 65 fr. et à 28^t,50 de fonte à 40 fr. Le prix du
mètre carré couvert ressort à environ : 16^f,25, 14^f,10 et
34 fr., pour les galeries respectives n° 10, n° 11 et n° 12.

Le groupe des trois galeries extérieures forme un système de charpente particulier, différent du groupe des
galeries centrales. La grande nef qui s'élève au milieu
des galeries 1 et 3, est l'œuvre remarquable de cette
gigantesque construction, dont elle résume le principal
caractère architectural. La construction des galeries latérales est identique, aux lanterneaux près et à la plus
grande portée de la galerie 3 : les fermes sont en un ou

deux morceaux, en poutres à treillis, de forme triangulaire, très-surbaissées, afin de dégager les parois de la
grande nef éclairées par de grandes verrières VV (pl. 9)
de même hauteur partout et de largeur diverse, seulement dans les parties courbes. Elles sont entretoisées par
des pannes courantes en fer à double T, par les sablières
faisant chéneaux et par des poutres faîtières en treillis.
Leur point d'appui, à inégale distance des extrémités, est
un poteau en tôle, de forme rectangulaire, fixé aux fermes
par des consoles b, et aux massifs de fondation, par une
forte entretoise noyée, le rendant solidaire du montant
principal, auquel il sert ainsi de contrefort : l'extrémité
des entraits attachée aux chéneaux, est fixée aux montants par les consoles d, de manière à constituer un cadre
rigide.

La grande nef, dont l'aspect extérieur rappelle d'un peu
loin les arènes romaines d'Arles ou de Nîmes, s'élève en
parois jusqu'à une hauteur de 19^m,00, pour se couvrir en
berceau sur une portée de 35^m,00. 88 travées de 12 à
15^m,00 ferment le circuit de ce cirque immense. La construction de chaque ferme est identique, elle comprend
deux forts montants G, scellés aux massifs, réunis par un
arc double de 6 mètres de flèche, et reliés par deux forts
tirants T (pl. 10). Les fermes sont reliées entre elles par
dix rangs de pannes courantes; deux rangs de pannes sablières faisant chéneaux, et une panne faîtière double,
laissant entre ses deux parois une zone annulaire, faisant
cheminée d'appel pour la ventilation.

Indépendamment des pannes sablières supérieures, des
sablières inférieures en poutres à treillis, de 1^m,50 de hauteur, entretoisent les montants, en même temps qu'elles
supportent les fenêtres verrières, dont le service est as-
suré par une passerelle intérieure q (pl. 9 et 10), reposant
sur des consoles que relie un lambrequin e. Un lanterneau

courant le long du faîte, abrite la zone concentrique d'aérage, et porte des persiennes latérales de dégagement. Son toit de bois, doublé de zinc, a un mètre de largeur, et se termine en terrasse. On peut y arriver par diverses échelles de service disposées sur l'enceinte ; la couverture est en tôle ondulée de $0^m,00133$ d'épaisseur, avec des ondes de 0,166 de large sur 0,082 de haut, pesant 27 kil. environ par mètre carré.

Dans chacun des trumeaux sont disposées trois des grandes verrières VV, dont nous avons parlé et dont quelques-unes ont des châssis à charnières pour l'aérage. Un garde-corps en fonte g avec corniche, a été fixé sur la panne sablière supérieure, et dans un même but d'ornementation, on a dissimulé les deux tirants par une arcature en fonte H.

Le poids d'une travée, travaillant à la poussée, étant d'environ 45 tonnes, la décomposante horizontale P, due au surbaissement de l'arc, est considérable. Indépendamment de la résistance propre du cintre, l'effet de renversement est neutralisé par les tirants T de 55 millimètres de diamètre.

On a supposé généralement que l'ensemble des demifermes latérales inférieures pouvait être considéré comme un tout indéformable, ce qui mettrait le pilier dans la situation d'un solide prismatique, encastré par une extrémité reposant par l'autre sur un appui, et sollicité par un effort F. On sait qu'un solide dans ce cas, fatigue plus au point d'encastrement qu'à celui de plus grande flèche, qui en est éloigné des 5/8 de la longueur. Nous ignorons si l'on a ainsi considéré le solide ; ou si, négligeant l'entretoisement inférieur, ce qui nous parait probable, on la considéré comme reposant sur deux appuis ; ce qui reporterait la section dangereuse au point F. Tel qu'il est, il satisfait aux deux hypothèses, puisque la section est la même aux deux points d'encastrement supposés ; mais dans le premier cas, il faudrait que la partie réduite, considérée comme encastrée, offrît la forme d'un solide d'égale résistance. Nous croyons donc qu'il faut considérer la section dangereuse comme étant au point d'attache du grand arc, et que l'augmentation de section, jusqu'au chéneau inférieur, est due au redressement de la paroi intérieure, dans un but d'ornementation, des cariatides devant être appliquées contre la partie inférieure des montants. La partie supérieure, considérée au même point de vue que celle située de l'autre côté de l'encastrement, a gardé sensiblement sa forme d'égale résistance, n'ayant pas à satisfaire aux mêmes considérations. Quant à l'effort de déplacement latéral par la base, abstraction faite du poids de la construction, nous avons indiqué les précautions qui avaient été prises.

La forme des piliers et la neutralisation des divers efforts nous paraissent deux points raisonnés, et l'expérience a sanctionné les prévisions du calcul. C'est le premier et le plus important mérite de la construction.

Tous les matériaux employés pour la construction métallique ont été fournis par les compagnies du Creusot, de Châtillon et Commentry, de Maubeuge, de Montataire. Nous ne décomposerons pas l'ensemble du poids de ces matériaux qui ne s'élèverait pas à moins de 10,000 tonnes de fer, dans lequel sont compris 1,500 tonnes fers à vitrage et 1,000 tonnes de tôles ondulées.

Les prix établis étaient les suivants :

Fers et tôles de construction..... 56^f,50 les 100 kilog.

    Idem.   de bardage, fers à vitrage....................... 75^f,00   id.

Tôles ondulées................ 70^f,00   id.

Fers et fonte pour lanterneaux... 56^f,50   id.

Le pont central, élevé au milieu de la grande nef pour

l'appui des transmissions, a été construit par les usines de Marquises, de Mazières et de Fourchambault, chacune pour 1/3. Son poids est d'environ 1,200 tonnes ; les escaliers d'honneur pèsent 22 tonnes chacun ; le prix en a été de 50 fr. les 100 kilog., avec réduction de $7^f,50$ pour la reprise des fontes. Le prix du garde-corps en fonte et fer est de 55 fr. les 100 kilog.

Nous ne dirons rien des travaux qui ne se rattachent pas directement à la construction métallique, ni de ceux qui ont eu pour but de descendre en partie dans la plaine du Champ-de-Mars, la hauteur rocailleuse du Trocadéro. Des chiffres ont été publiés qui ont pu donner une idée de l'activité des chantiers et des difficultés qu'il a fallu vaincre pour couronner l'œuvre au temps voulu, malgré des difficultés exceptionnelles.

Il nous suffira de dire que tous ces travaux ont été étudiés et exécutés en 28 mois, et qu'aujourd'hui, le Palais est sillonné de voies ferrées, reliées entre elles et concourant à une gare commune qui le met en communication directe avec les sept têtes de ligne des réseaux de l'Empire.

Nous allons toutefois dire un mot des appareils de levage employés par les divers constructeurs.

Pour les galeries intérieures, M. Rigolet a monté complètement les fermes sur le sol, en les hissant ensuite par des chèvres de $14^m,00$ maintenues par des haubans. Ce moyen n'évite pas l'entrave d'un montage à terre, mais il est des plus simples.

MM. Jolly, d'Argenteuil, ont employé un échafaudage roulant avec chèvres à treuils, roulant aussi sur le plancher porté par l'échafaudage principal. Les arbalétriers, bielles et autres pièces, étaient montés successivement et fixés entre eux à la partie supérieure. Un petit échafaudage latéral servait au montage des galeries de circulation. Nous ne parlerons pas des appareils de M. Eiffel ;

bien qu'ils fussent ingénieux, afin d'arriver plus vite à ceux employés pour le levage des galeries extérieures. M. Joret a séparé l'opération du montage de ses douze travées, en trois parties distinctes et suivies, correspondant chacune à un appareil spécial. Les montants, après avoir été préparés sur leurs assises et relevés légèrement, étaient levés en même temps à l'aide de deux treuils situés à la partie inférieure d'un échafaudage roulant sur 4 files de rails. Un plancher, situé à hauteur de la retombée de l'arc, portait trois petites chèvres, destinées au montage des tronçons du grand arc, que l'on fixait ensemble et aux montants. Après cette opération, venait celle du montage des pannes et des tôles par deux grues roulantes de 27^m,00 de hauteur, allant transversalement du centre de la nef vers ses parois. Enfin, l'assemblage des tôles avait lieu par un pont roulant mi-partie en gradins, se mouvant parallèlement au cintre dont il était éloigné de la distance la plus convenable pour la facilité du travail.

Dans le système employé par MM. Gouin et Cie, les montants préparés à terre, étaient levés à l'aide de chèvres glissant sur des madriers et des rouleaux de bois et munies de treuils doubles à leur partie inférieure. Les piliers une fois en place et fixés, on procédait à leur entretoisement par les sablières supérieures et inférieures, à l'aide de palans attachés aux piliers mêmes. Ils étaient, en outre, réunis deux à deux par une poutre à treillis transversale de 1^m,60 de hauteur, destinée en même temps à former un plancher solide, à la hauteur de la naissance de l'arc. Ce plancher, d'une longueur de trois travées, était en trois morceaux qui se déplaçaient alternativement au fur et à mesure du montage, glissant les uns sur les autres, et remontés à l'aide d'un échafaudage inférieur terminé en plate-forme. Sur le plancher de manœuvre étaient cinq tréteaux servant d'appui aux divers tronçons du grand

arc qu'élevait, avec les tôles ondulées, la même chèvre
destinée au levage des poutres à treillis et des pannes. Le
montage des murailles s'effectuait à l'aide d'échelles droi-
tes et d'échafaudages volants.

Ce moyen, réputé le plus simple, par suite de l'emploi
d'éléments ayant leur application dans la charpente, est
loin, selon nous, d'avoir de l'avantage sur celui employé
par les maisons Cail et Cie et la compagnie de Fives-Lille,
en Participation, concessionnaires des 5/8 de la construction. Nous avons suivi ces montages et, eu égard au per-
sonnel employé, la rapidité d'exécution (4 'mois) du lot
de la Participation, plaide en faveur du système qu'elle a
adopté. Nous en donnons ci-joint les dessins exécutés
par un de nos camarades, habile dessinateur, et que nous
avons choisis de préférence comme indiquant le mieux,
en outre des appareils indiqués, les détails de la construction métallique des galeries extérieures. Ils sup-
pléeront à l'imperfection de notre exposé, nos camarades
étant trop bons lecteurs du dessin, cette écriture de l'ingénieur, comme le disait, un jour que j'avais le bonheur
de l'entendre, le savant et regretté Perdonnet.

Que mes Camarades me permettent ici de remercier
publiquement M. Krantz, trop connu par sa distinction et
sa bienveillance habituelle, pour que j'énonce ses titres et
qualités, et qui a bien voulu faire mettre à ma disposition
tous les documents qui se rapportent à la construction du
Palais.

Notre description sera brève.

L'échafaudage levait deux montants à la fois et roulait
sur quatre files de doubles rails par des galets, dont les
axes portaient des roues à rochets manœuvrées par de
longues barres en bois. Les grues roulantes supérieures
à flèche horizontale, élevaient les tronçons de l'arc et
les pannes, reculant à droite ou à gauche, quand ces

pièces étaient au-dessus du plancher en berceau, porté par l'échafaudage et s'étendant d'une ferme à l'autre. Les dispositions étaient telles, que les tronçons d'arc et les pannes pouvaient être élevés par la partie centrale de l'échafaud, suivant leur direction naturelle. Les tôles étaient montées en paquets sur le plancher et rivées immédiatement après la pose du grand arc et des pannes ; leur perçage était fait par un outil spécial, sorte d'étau à mordaches épousant la forme des ondes et permettant un double poinçonnage calibré ; toutes ces opérations étaient menées de front, et si rapidement que, quelquefois, le montage s'est trouvé retardé, les pièces n'arrivant pas assez vite à pied-d'œuvre. Le chariot roulant ne se déplaçait que lorsque toute une travée était complètement montée et qu'il n'y avait à couvrir que les vides de la toiture dans les parties courbes. La pose des couvre-joints de ces vides était faite par des appareils spéciaux, d'une grande hardiesse dans l'application. La planche indique la forme de ces appareils et leur mode de suspension aux rebords des pannes, sur lesquels peuvent rouler des galets. Chacun des planchers roulants est supporté par trois essieux, et le passage des arcs s'effectue par l'enlèvement successif de chacun de ces essieux, pendant que les deux autres, toujours suffisants pour maintenir le plancher, sont en fonctionnement.

Le désir naturel d'abréger, nous fait passer rapidement sur des détails intéressants. Nous renvoyons à la planche 10 pour la série des appareils employés pour le montage des galeries latérales et des murailles. La conception de ces appareils est due à M. Moreaux, un de nos camarades les plus distingués, ingénieur de la compagnie de Fives-Lille pour les constructions métalliques.

Tels ont été les divers moyens employés pour l'érection de ce Palais qui a brillé d'un si vif éclat et dont la

visite fait naître, au moment où nous écrivons, un sentiment
de tristesse. Que de réflexions n'inspire-t-il pas ce temple
de la Paix , naguère si fréquenté par toutes les nations et
rempli de rumeurs bruyantes, aujourd'hui livré au silence
et bientôt à la démolition ! Mais il est de ce monde.....
Revenons à notre programme aride ; la grandeur de
l'œuvre nous avait fait oublier que nous pouvions la juger,
la critiquer même. Au point de vue de la solidité , de la
facilité d'aménagement, du classement des produits, l'expérience, le meilleur des juges, a prononcé son jugement.
Reste la question d'économie et cette satisfaction du bon
goût des masses éclairées, qu'il est parfois si difficile de
contenter. A ce point de vue, le Palais proprement dit a
été diversement critiqué. Son aspect géométrique uni-
forme , son défaut de hauteur et le manque absolu de
perspective , sont autant de défauts qu'on lui reproche.
Certaine critique, se plaçant sur le plateau élevé de la
place du roi de Rome , a été jusqu'à le comparer à un
immense gazomètre. La disposition des piliers s'élevant à
la hauteur du faîte a été désapprouvée. Nous pensons
qu'une critique sérieuse ne peut être faite qu'après l'élaboration, au préalable, d'un projet sur la question, telle
que l'ont faite quelques ingénieurs, et particulièrement
notre camarade Grieumard. Le Palais n'est pas majes-
tueux et n'excite à aucun degré l'admiration dont on est
saisi en face des tours de Notre-Dame. Il lui manque un
peu de mouvements , quelques contrastes où l'œil puisse
s'arrêter, une entrée monumentale digne du Temple. Mais
il faut tenir compte des circonstances dont quelques-unes
se sont imposées. Le grand espace à couvrir, l'économie
et la rapidité obligées dans l'exécution, son existence éphémère , la raison du classement méthodique des produits,
toutes ces causes réunies ont dû concourir à l'adoption,
d'un édifice d'une forme géométrique, sobre et correcte.

Quant à la hauteur, elle ne pouvait être relativement que faible, eu égard à la grande surface à couvrir, à moins d'entrer dans une voie plus nouvelle, en adoptant les idées émises par M. Grieumard. Tous nos camarades peuvent se rendre compte, en consultant l'Annuaire de 1865, de l'effet qu'aurait produit cette immense rotonde supportée par une colonne centrale de 10 mètres de diamètre et de 80 mètres de hauteur, et dont les mailles d'acier auraient supporté un toit d'un nouveau genre. Bien que le Palais actuel, de forme et de dimensions inusitées, soit un fait important dans l'histoire de l'architecture en tôle, nous pensons qu'il ne renferme ni autant d'originalité ni autant de hardiesse que ce toit parabolique, suspendu à 80 mètres au-dessus du sol, couvrant un espace de 14 hectares, au prix de 9,000,000 de francs, soit avec une économie de 1,563,000 francs sur la dépense actuelle.

Dans un but de comparaison, nous avons étudié au Conservatoire impérial des arts et métiers, les dessins du Palais de cristal construit à Londres en 1851. Mais nous n'avons trouvé à ces deux édifices d'autre ressemblance que le but commun pour lequel ils ont été construits.

Ceux de nos Camarades qui désireraient des indications plus complètes sur les quantités de matières et les prix, peuvent se procurer la note publiée par M. Krantz, en fin novembre 1867, au sujet de la liquidation des travaux.

PONT EN ARC A TYMPANS A TREILLIS

ÉTABLI SOUS LE QUAI D'ORSAY

Ce pont se rattachant à la construction même du Palais, autant par sa nature que par son constructeur, M. Joret, nous tenons à en signaler le caractère particulier.

Il est d'un système breveté il y a quelques années, et appliqué déjà à plusieurs ponts, dont les principaux sont : celui de Valvins, sur la Seine (près Fontainebleau), et celui de Sennecy, sur la Saône, ayant 5 travées de 35 mètres.

Son ouverture est de 25 mètres et sa largeur entre garde-corps de 21 mètres. Chacune des 11 fermes se compose d'un arc en forme de double T aa, d'un longeron à T b, et d'un tympan dont la rigidité est assurée par l'assemblage des doubles montants en fer à T cc, raidis et maintenus par les barres de treillis en fer plat d. Des croix de Saint-André verticales e, des contreventements en zig-zag, et des entretoises à treillis f, relient les fermes entr'elles, et 23 cours de poutrelles transversales en fer à double T g, complètent la structure métallique, sur laquelle est établi un plancher en bois de chêne de $0^m,120$ d'épaisseur, dont les madriers goudronnés sur trois faces, sont recouverts d'un empierrement de $0^m,25$, sur chaussée de 9 mètres de largeur, flanquée de trottoirs de 6 mètres, dallés en bitume et limités vers la chaussée par une bordure posée à bain de mortier.

Ces éléments principaux étant donnés, il est facile, par un calcul simple, de déterminer les condition générales de résistance de la construction établie en vue de supporter, en outre du poids propre, celui d'une surcharge générale de 400 kilog. par mètre carré.

En considérant une demi-ferme, et négligeant pour plus de sûreté l'avantage de la solidarité entre les divers éléments reliés et entretoisés en faisant supporter à l'arc seul les efforts qui agissent sur la ferme, on sera conduit à une section supérieure à celle qui serait rigoureusement nécessaire. Si on suppose en outre que la résultante des actions de la pesanteur sur une demi-ferme, se confond avec celle de la charge d'épreuve en R', on augmentera d'autant la garantie de stabilité, car d'après sa disposition, la ferme a son centre de gravité plus près de l'appui que de la clef, et en le transportant en R', on augmente le moment des forces qui tendent à faire tourner la demi-ferme autour du point A (voir épure).

La relation d'équilibre autour de ce point est :

$$Qf = PL \,;$$

$Q =$ réaction développée à la clef ;
$f =$ flèche de $2^m,50$;
$P =$ charge totale sur une demi-ferme ;
$L = 0^m,25.$

Le poids par mètre courant sous la surcharge étant :

$$P' = \begin{cases} \text{Bois du tablier.} \ldots & 21,00 + 0,12 + 800 \\ \text{Bitume.} \ldots\ldots & 21,00 + 300^k \text{ p. m. c.} \\ \text{Poids de la construction métallique :} & \\ \text{Empierrement.} \ldots & 9,00 + 2,50 + 1,400 \\ \text{Surcharge.} \ldots\ldots & 400^k \text{ par m}^2 \end{cases} = 22,365^k.$$

On a :

$$P = \frac{22,365 \times 12,50}{11} = 25,415 \text{ kilog.,}$$

et

$$Q = \frac{25,415 \times 6,25}{2,50} = 63,537.$$

La section relevée (0^{m^2},005704) donne pour la pression supportée par millim. carré :

$$R = \frac{63,537}{5,704} = 11,140.$$

Ce résultat nous amène à faire remarquer une des particularités intéressantes du pont. L'arc est en acier Bessemer dont la résistance, comme on le sait, est sensiblement double de celle du fer. L'application de ce métal à la construction métallique peut permettre plus de hardiesse dans la construction des ouvrages d'art à grande portée.

La résultante des forces P et Q étant $T = \sqrt{P^2 + Q^2}$ = 68,450 kilog., et la section de l'arc étant constante, la pression par millim. carré aux retombées sera :

$$\frac{68,450}{5,704} = 12 \text{ kilog}.$$

Ce résultat est un maximum qui n'est réellement pas atteint en pratique, ce mode de calcul faisant abstraction de la part de résistance qu'apporte la solidarité du longeron b et de l'arc, et de la rigidité des autres parties de la construction.

Montants. — Le plus grand effort supporté par chaque double montant, en comptant sur l'écartement le plus défavorable des fermes sous trottoirs, est :

$$p = \frac{(22,365 - p') \times 2,400}{11},$$

p' = poids du demi-arc ou environ 545 kilog. Sa longueur, pour un angle de 22°,37′,8″, étant de 12^m,40, soit :

$$p = 4,750 \text{ kilog}.$$

Le fer a T des montants de $\dfrac{125 - 60}{9}$ donne une double section de 3,108 millim. carré, soit :

$$\frac{4,750}{3,168} = 1^k,500,$$

pour la charge par millim. carré, ce qui est faible, surtout si l'on considère que toute déformation latérale est rendue impossible par les barres de treillis.

Longerons. — La charge supportée par les poutrelles étant transmise à l'arc directement par les montants, le longeron n'a aucun effort à supporter. Les dimensions pratiques de sa section lui permettent de concourir à la résistance de la ferme.

Poutrelles. — Ces poutrelles ont plus de 3 points d'appui, et en considérant la partie sous trottoirs, où l'écartement intérieur des fermes est de $2^m,300$, on peut établir, pour le moment fléchissant maximum :

$$M = \frac{RI}{n} = \frac{pL^2}{10}.$$

Le poids p, uniformément réparti sur la poutrelle, y compris son poids propre et la surcharge, est d'environ 2,100 kilog., ce qui donne :

$$\frac{RI}{n} = \frac{2,100 \times \overline{2,3}^2}{10} = 1,111 \text{ kilog.}$$

Le double T adopté est celui ci-contre, pour lequel

$$I = \frac{bh^3 - b'h^2}{12} = 0,0001787, \text{ et } \frac{I'}{n} = 0,000198,$$

d'où $\quad R = \dfrac{1111,00}{0,000198} = 5,60$ par millim. carré.

Les calculs justifient donc que toutes les pièces travaillent à moins de 6 kilog. pour le fer, et 12 kilog. pour l'acier, sous les efforts permanents.

Si on considère le cas du passage d'un rouleau à vapeur du poids 2P, de 14 tonnes, dont les deux cylindres égaux espacés de $3^m,90$ supportent chacun 7 tonnes, on ne devra tenir compte que de l'action isolée d'un cylindre sur l'une des poutrelles dont la portée est de 1,650.

Le poids par m. c. t. p., uniformément réparti sur la partie de poutrelle considérée sous chaussée empierrée, est d'environ 650 kilog. sans la surcharge. Dans ce cas particulier, le moment fléchissant est :

$$M = \frac{RI}{n} = \frac{PL}{10} + \frac{PL^2}{10} + \frac{7{,}000 \times 1{,}650}{10} + \frac{650 \times 2{,}72}{10}$$

$= 1,31$ kilog.,

d'où :
$$R = \frac{1{,}331}{0{,}000198} = 6^k,7 \; ;$$

en faisant $P = 8{,}000$ (cas d'un rouleau simple), on trouverait : $R = 7^k,50.$

Les épreuves que MM. les ingénieurs de la ville de Paris ont fait subir au pont avant de le livrer à l'active circulation du quai d'Orsay, ont montré que les conditions générales en avaient été bien établies et qu'il offrait à la sécurité publique la garantie nécessaire.

Nous pourrions dire quelques mots sur le phare métallique destiné aux Roches-Douvres et différant peu par sa forme de celui également construit, en 1862, pour la Nouvelle-Calédonie, par M. Rigolet. Mais divers journaux l'ayant publié (Oppermann), ceux de nos camarades que ce travail pourrait intéresser, s'en procureront aisément les éléments.

Le promoteur de ces phares métalliques, M. Léonce Reynaud, (inspecteur général des ponts et chaussées, directeur du service central des phares et balises), a bien voulu nous en confier les documents. Il a traité cette question dans un ouvrage remarquable.

MÉTALLURGIE

REVUE GÉNÉRALE

DES PRINCIPALES EXPOSITIONS MÉTALLURGIQUES

1° AU POINT DE VUE DU FER

2° AU POINT DE VUE DE LA FONTE ET DE SES TRANSFORMATIONS

Aperçu sur les minerais et les combustibles minéraux :
Traitement. — Outillage. — Marteaux.

CONSIDÉRATIONS GÉNÉRALES.

Le premier indice du progrès et du développement de notre industrie métallurgique, ainsi que du bon outillage de nos ateliers, se trouve dans les chiffres indiqués, dans la rapidité d'exécution du Palais que nous venons d'esquisser à grands traits, et dans certaines manifestations extérieures, telles, par exemple, que la construction du pont de l'Europe et d'autres ouvrages métalliques importants.

Quant à la comparaison qui pourrait être faite entre les produits similaires, et l'importance des diverses usines, nous devons remarquer qu'elle ne saurait être établie

d'une manière absolue d'après les seuls produits exposés.
En effet, certaines usines ont montré des expositions qui
ne sont pas à la hauteur de leur importance réelle. L'Angleterre elle-même n'a pas une exposition métallurgique
qui puisse faire supposer sa grande supériorité. Les dépenses occasionnées par la difficulté de transporter des
pièces lourdes, avec des vicissitudes d'embarquement et
de débarquement, expliquent l'absence de certains produits et la supériorité que parait accuser la puissance chez
laquelle l'Exposition a lieu ou celle qui peut aussi facilement y envoyer ses productions.

DESCRIPTION. PRINCIPAUX EXPOSANTS. NATURE DES PRO-
DUITS. — La description des pièces remarquables qui
figurent dans les principales expositions métallurgiques,
nous ferait sortir du cadre restreint que nous nous sommes tracé ; nous nous bornerons à une énumération aussi
rapide que possible ; encore n'éviterons-nous pas pour le
lecteur la fatigue qui s'empare du visiteur même, tant
les objets exposés sont en grand nombre.

En parcourant les parties réservées aux nations étrangères, pour les examiner au point de vue particulier du
fer, nous avons trouvé moins de profusion et d'importance que dans nos usines françaises.

La Belgique a, dans son annexe rotonde, une réunion
de produits intéressants, depuis les tôles polies au bois
de 1/10 de millimètre jusqu'aux larges plats de 10 mètres
de longueur de la compagnie du Centre. On y remarque
les bandages sans soudure de la fabrique d'Ougrée, d'après
le système Jackson, Petin et Gaudet, les excellents rails
courants en fer martelé de Thy-le-Château et des essieux
en fer nerveux de première qualité, pliés et tordus à froid,
exposés par les forges de Glabecq.

Dans le secteur prussien, MM. Hoerder, Burbacher et
Dellinger ont exposé des fers de construction assez im-

portants, tels que des doubles T de $0^m,30$ et $0^m,40$ de hauteur et 16 mètres de longueur, et des longerons de locomotive.

En Autriche et dans les autres États de l'Allemagne, en dehors des échantillons ordinaires et de quelques pièces peu importantes, il n'y a aucune particularité à signaler.

En Suède, on rencontre une variété remarquable d'échantillons, d'une qualité dont la réputation est toujours la même, et en Russie, quelques tôles de Taguil, des fers assortis, affinés au bois et des tôles fines du gouvernement de Perm.

La maison italienne Ansaldo et Cie, de Sampier d'Arena, a exposé des pièces de forge importantes. Un arbre droit brut pour machine marine de 900 chevaux, deux grosses bielles, dont une finie, et enfin diverses plaques de blindages. Ces produits sont inférieurs comme exécution, à ceux de même genre des usines anglaises et françaises. Les plaques essayées, indépendamment des craquelures ordinaires et sans tenir compte de la qualité du métal, montrent une séparation dans les mises, qui indique un corroyage insuffisant et une soudure imparfaite.

Les États-Unis d'Amérique confirment les réserves que nous faisions relativement à l'éloignement de certaines contrées. Leur exposition se borne, à peu de chose près, à une riche collection de minerais et à d'excellents outils de taillanderie.

Quant à l'Angleterre, la valeur de son importance métallurgique se retrouve en partie dans son puissant matériel de guerre, exposé dans le Parc où nous avons vu, en outre des canons Armstrong et des murailles de défense, les tronçons d'une plaque de 343 millim. d'épaisseur, ayant pesé 20,000 kilog. Une plaque de $1^m,06$ sur $0^m,150$ ayant $9^m,100$ de long est exposée par MM. John Brown et Cie, de Sheffield, les mêmes qui ont installé, les premiers, au centre des aciéries du Yorkshire, l'appareil Bessemer généralement connu.

Les travaux spéciaux, d'une importance moindre, exposés dans le Palais, sont d'un fini d'exécution, qui indique que l'industrie du fer a atteint chez nos voisins un grand degré de perfection. Tels sont les produits de la Compagnie de Lilleshall, des forges de Lowmoor, de MM. Taylor frères et Cie, etc.

Nous avons remarqué des tuyaux en fer à grands diamètres, jusqu'à 0^m,165 pour chaudières marines et de locomotives, des coudes, des raccords, des noyaux à huit et dix branchements, exécutés avec perfection et filetés avec une grande finesse. Nous n'avons trouvé parmi les produits français susceptibles d'être comparés à ces articles anglais, que ceux de MM. Mignon, Rouart et Delinière, parmi lesquels nous avons remarqué un tube roulé en cône, diminuant progressivement de diamètre au fur et à mesure de celui des spires.

L'exposition française est de beaucoup la plus importante ; elle est tout d'abord représentée par trois maisons de premier ordre : le Creusot, Rive-de-Gier, Châtillon et Commentry. Cette dernière, au point de vue des fers de construction, révèle une puissance d'action comparable à celle de Rive-de-Gier. C'est dans son exposition, que nous avons visitée la première, que nous avons vu ce fer à double T de plusieurs mètres de longueur, ayant 0^m,300 d'ailes et 1^m,100 de hauteur, obtenu, paraît-il, avec des cylindres à plusieurs cannelures ; un fer semblable de 0^m,220 de hauteur et 29 mètres de longueur, pesant 725 kilog. ; un longeron de 17 mètres, ayant 1 mètre de haut et 0^m,037 d'épaisseur, etc., tiennent compagnie au principal échantillon.

Depuis la plaque de blindage et les gros fers de construction, jusqu'aux tôles de 3/4 de millimètre et aux feuilles de 60 au millimètre, en passant par la série des fers tréfilés, emboutis, tordus, pliés, les produits de cette exposition sont d'une grande variété. Les rails en fer et en acier, contournés en spirale, les nœuds de rondins et de câbles, indiquent une matière d'excellente qualité ; manifestons, toutefois, quelques doutes que ces diverses opérations, que nous avons vues généralement reproduites, aient pu s'exécuter à froid, comme on l'indique. La cassure des rails en fer, montre deux qualités distinctes rationnellement disposées selon le mode de travail du patin et du champignon ; cette indication se retrouve dans la généralité des autres expositions et elle montre le perfectionnement que l'on a atteint dans la fabrication des rails courants et la facilité que l'on a acquise dans la manœuvre du laminoir.

Dans l'exposition de MM. Petin et Gaudet, de Rive-de-Gier, plusieurs des pièces, dont nous venons de parler, se reproduisent avec des variétés particulières. Le même fer à double T se retrouve fabriqué par un procédé différent et d'un aspect extérieur qui paraît garantir la praticabilité de cette fabrication nouvelle.

Les cylindres seraient à une seule cannelure variable avec galets latéraux, comme dans un train universel, disposés sur l'axe. La fabrication de ces gros échantillons montre la puissance des moyens employés, et il constituent à ce point de vue un progrès notable. Néanmoins, leur application est encore imprévisible pour bien des ingénieurs qui préféreront une poutre à cornières rivées, avec âme en tôle de plus faible épaisseur, et leur adoption, par la Marine française, pour la construction de certains navires de guerre, nous paraît devoir être considérée comme un cas particulier.

Les plaques de blindage et les essais au tir qu'on a faits sur elles, indiquent une qualité de fer qui laisse déviner, dans la matière première, l'excellente fonte au bois de l'usine de Toga (Corse). La cassure de ces plaques indique aussi deux qualités de fer distinctes, dont l'une aciéreuse, résiste mieux à la déformation par le choc formidable du boulet, pendant que l'autre, plus nerveuse, offre une résistance vive de rupture plus grande à la traction. Et l'on a concilié ainsi deux qualités difficiles à associer : la malléabilité et la dureté. La vivacité des arêtes, l'homogénéité du métal, la parfaite cohésion des mises, montrent que si la matière est de premier choix, les outils sont aussi énergiques que parfaits.

Une tôle de $0^m,013$ d'épaisseur et $1^m,550$ de largeur, a une longueur de $19^m,20$, et peut constituer, avec une autre semblable, un générateur de 1 mètre de diamètre, à deux seules rivures longitudinales. En présence de ce résultat, on se demande si le problème si intéressant des chaudières sans soudures fabriquées par M. Imbert, de St-Chamond, ne perd pas un peu de son importance.

Le balancier exposé en fer laminé pour machines marines ou d'extraction, offre un double intérêt : il a $1^m,800$ de plus grande hauteur, $11^m,00$ de longueur, $0^m,065$ d'épaisseur, et pèse 8 tonnes. On a dû s'outiller spécialement pour cette fabrication, pour que des pièces semblables aient pu être rendues en Angleterre même, avec une notable économie sur les prix anglais.

L'exposition du Creusot, au point de vue de la grosse forge et des gros fers de construction, est de beaucoup inférieure aux deux précédentes. Elle a un caractère plus particulier, se rapprochant de la grande construction mécanique par ses superbes machines marines, sa machine d'extraction, ses locomotives, sa belle machine radiale. Néanmoins, c'est dans l'enceinte où sont exposés les produits de cette maison que nous avons remarqué le perfectionnement le plus grand dans le travail du fer, embouti, tordu, roulé, noué, et ayant subi tous ces essais, sans offrir aucune trace d'altération. Le Creusot, par le choix de ses mélanges et la sûreté de ses procédés, a pu créer plusieurs séries (sept) de fers marchands, offrant chacune une qualité propre suivant l'application. L'emploi de matières premières épurées, et du riche minerai de Mokta-el-Hadid, mélangé en proportion variable à celui plus voisin de Mazenay, l'analyse raisonnée des divers éléments formant les lits de fusion, ont pu seuls permettre de dresser cette nouvelle échelle de la métallurgie. L'exposition du Creusot indique une direction intelligente et l'on est heureux de pouvoir la montrer avec orgueil, en comparaison avec les industries étrangères de même ordre.

Les frères Marel, de Rive-de-Gier, dont l'importance industrielle se manifeste en dehors du Palais, par une installation d'un grand avenir, ont une exposition bornée à un petit nombre de pièces, mais d'une valeur et d'une importance remarquables. L'arbre brut à 3 coudes pesant 30 tonnes est d'un fini d'exécution irréprochable, et la pureté du métal profondément entamé aux coudes par la machine à mortaiser, indique une fabrication sûre et une supériorité marquée pour ce travail spécial. Nous avons visité l'usine de Rive-de-Gier, où se fabriquent ces grosses pièces que nous avons vues sous le pilon, et l'ensemble autant que le perfectionnement de l'outillage, nous avaient préparé à ce résultat auquel a dû concourir l'habileté reconnue de l'aîné des six frères.

Messieurs Russery et Lacombe, de la même ville, ont exposé un gouvernail en fer forgé, un croisillon de grand ventilateur pour mines, des essieux droits et des essieux coudés, pour lesquels ils ont un genre de fabrication spéciale à la matrice. Nous avons aussi remarqué des roues de wagons préparées et soudées suivant un procédé nouveau. En divers points, notre attention a été attirée par des modèles semblables qui indiquent les efforts tentés par chaque forge pour atteindre un bon résultat dans ce genre de fabrication. Nous n'avons rencontré nulle part, une perfection aussi grande que dans les produits exposés par M. Arbel, de cette même ville de Rive-de-Gier, si féconde en productions métallurgiques. La compagnie de Fives-Lille a exposé des roues de locomotives en fer forgé, qui accusent une fort bonne exécution, se rapprochant des roues Arbel, mais le mode de fabrication adopté par ce maître de forge, est plus simple, plus économique et conduit à des résultats plus sûrs. Nous avons suivi, à son usine, la préparation des diverses pièces qui entrent dans la construction d'une de ces roues, leur assemblage, leur matriçage, après la sortie du four au blanc soudant, et nous avons été émerveillé de la manière facile et rapide dont s'accomplit cette opération qui était primitivement si laborieuse.

Signalons en terminant la maison Dupont et Dreyfus qui expose des fers de construction remarquables par la netteté de leurs profils. Des fers à épaisseur variable pour soudures, des arbres à grand diamètre indiquent l'emploi de laminoirs puissants et bien combinés. Les usines qui ont exposé dans la galerie des produits bruts rivalisent aussi de progrès. Montataire, la Providence, etc., offriraient des particularités à remarquer, si déjà, nous ne craignions de nous être trop arrêté à ce premier coup d'œil d'ensemble, jeté sur la métallurgie, au point de vue exclusif de la grosse forge de fer.

FONTE ET SES TRANSFORMATIONS. — Bien qu'il parût plus rationnel de commencer notre aperçu par cette matière première, nous l'avons néanmoins réservée comme offrant un sujet plus étendu et marquant, d'une manière plus précise, les tendances nouvelles et le progrès de la métallurgie.

La fabrication économique de pièces fondues, applicables à tous les cas de la construction, est une solution cherchée depuis longtemps. La fonte proprement dite, ne peut avoir une application générale, en dehors des pièces au repos et dans un grand nombre de cas, le fer lui est préféré malgré son prix plus élevé. Des maîtres de forge ont essayé de généraliser son emploi en la durcissant par la trempe en coquille suivant des procédés spéciaux, et nous avons trouvé un essai intéressant tenté dans ce sens par un ingénieur prussien, M. Gruson, qui en aurait étendu les applications aux canons, aux boulets, aux cuirasses de navires, au matériel de la forge, et enfin et surtout aux rails de croisement des chemins de fer et aux roues de wagon. La composition de l'alliage résulterait de diverses fontes au bois en proportions déterminées, et les pièces fondues, par suite du procédé de coulage, seraient exemptes de tension.

Des essais à la flexion sur trois barres identiques de 1 mètre de longueur, avec une section de 26 millim., carrés, posées librement sur deux appuis et chargées dans leur milieu, auraient donné les résultats suivants :

La barre en fonte ordinaire a fléchi et s'est rompue sous un poids de 350 kilog.

La barre en fer a fléchi et a gardé une déformation permanente sous le même poids.

La barre en fonte Gruson s'est rompue sous un poids de 625 kilog.

Quels que soient les avantages de ce nouveau métal, dont le prix est encore de 600 fr. la tonne pour les cœurs de croisements et de 650 à 800 fr. pour les roues de wagons et de trucks, il semble supposable qu'on lui préfèrera le fer, au moins pour les roues de locomotives, les essieux et autres pièces dont la rupture doit être évitée à tout prix.

L'usine royale de Könisberg (Vurtemberg) a exposé également de belles qualités de fonte trempée en coquille. Les échantillons sont des cylindres massifs ou creux de $0^m,30$ à $0^m,35$ de diamètre, pour le satinage du papier et pour laminoir. Le cœur est en fonte grise, d'une couleur terne et d'une pureté remarquable et l'épaisseur de la trempe, d'une régularité parfaite et sans piqûres, est de $0^m,030$ à $0^m,035$.

Ces procédés sont décrits par M. Guettier dans les anciens Annuaires de la Société.

Signalons, dans la section française, un procédé encouragé par une mention honorable consistant à souder directement la fonte grise et la fonte blanche, en supprimant l'emploi de la coquille. L'union est intime, non-seulement entre les deux qualités de fonte, mais encore entre la fonte et le bronze.

Nous n'avons retrouvé nulle part, sauf au Creusot, d'autres pièces en fonte durcie dignes de remarque. Comme on le voit et sans en déduire la conséquence que l'emploi de ce genre de fonte soit restreint, les constructeurs ont cherché, dans une autre solution, les conditions réunies de résistance, de durée et d'économie. Cette solution, la meilleure, les métallurgistes l'ont cherchée dans la transformation de la fonte en acier qui caractérise d'une manière bien nette la nouvelle direction de la métallurgie.

L'acier naturel obtenu avec des minerais et des combustibles spéciaux, n'est applicable qu'à la fabrication des outils de l'agriculture, il est peu homogène, d'un prix élevé et les forges catalanes qui le produisent tendent à disparaître de jour en jour.

L'acier cémenté, susceptible d'être produit en plus grande quantité, a besoin d'acquérir l'homogénéité nécessaire par divers corroyages qui peuvent altérer sa qualité aciéreuse. Fondu d'après l'ancienne méthode du

Yorkshire et corroyé ou martelé, il est susceptible de toutes les applications. Mais une telle méthode, qui exige l'emploi de fers du Nord de premier choix, ne peut produire l'acier, ni à bon marché, ni en grandes masses, et il faut, dans tous les cas, une installation et un matériel considérables.

L'affinage direct de la fonte, avec élaboration ultérieure, a paru seul résoudre le double problème d'une grande production économique, sans atteindre toutefois la qualité des aciers cémentés fondus ; c'est dans ce sens que les recherches récentes ont été dirigées et aujourd'hui l'acier fondu peut être obtenu en grandes masses, soit en passant par le puddlage et le creuset (**Krupp**), soit directement par le procédé Bessemer. Nous reviendrons à ces considérations, mais examinons d'abord qu'elle est l'importance des diverses expositions métallurgiques envisagées à ce nouveau point de vue. On remarque en Allemagne et principalement en Prusse, une production remarquable. Ceux de nos camarades qui ont visité l'Exposition se sont certainement arrêtés un instant devant un formidable canon de M. Krupp pesant 50,000 kilog. et formant, avec l'affût et son châssis, un ensemble de 90 tonnes d'acier fondu au creuset, ayant exigé un travail non interrompu de 16 mois et un demi-million de dépenses. Les autres pièces exposées par M. Krupp ne sont pas seulement à considérer par leur masse extraordinaire, mais aussi par leur qualité. Le lingot de $1^m,470$ de diamètre pesant 40,000 kilog. et destiné à être transformé en arbre de couche, caractérise un résultat remarquable en fonderie d'acier. La netteté de l'écorce extérieure, la pureté du métal profondément entamé en divers points, l'éclat des surfaces polies sont autant d'indices du degré de perfection réalisé dans cette fabrication qui a acquis, dans moins de 15 ans, un si grand développement.

L'exposition de M. Fried Krupp, d'Essen, est, sans contredit, la plus remarquable par la qualité, l'importance et. le nombre des pièces. M. Turgan, dans son ouvrage des grandes usines, a décrit l'établissement d'Essen, dont la prospérité, qui s'accroît chaque année, est due en grande partie à la situation favorable qu'il occupe dans une contrée où le charbon est le plus pur et le plus métallurgique de l'Allemagne et où le minerai est excellent. Il consomme journellement un million de kilogrammes de houille, indépendamment de la quantité employée à la transformation de la fonte en acier ; cette houille, dont le prix varie suivant le stok à terre, revient à 6 fr. ou 6^f,50 la tonne sur le carreau de la mine. Les prix suivants pour pièces en acier fondu, prises à Ham, nous ont été donnés comme approximatifs :

Rails......................	40 fr. les 100 kilog.
Bandages sans soudures	105 — —
Essieux coudés de locomotives.	5 fr. le kilog.
Arbres à coudes...........	5^f,5 —
Canons...................	6 fr. à 6^f,50 le kilog.

Le prix des ressorts, selon la qualité, varie de 45 à 120 fr. les 100 kilog. Ce dernier prix correspond à la qualité employée par la Compagnie des omnibus de Paris.

Cet établissement, dont la production en acier fondu est d'environ 60,000,000 de kilog. par an, occupe 10,000 ouvriers dont 8,000 dans les aciéries d'Essen et 2,000 dans les charbonnages d'Essen et les mines et haut-fourneaux du Rhin et dans le Nassau. L'outillage est en rapport avec la fabrication, nous ne citerons, pour en donner une idée, qu'un marteau-pilon de 50,000 kilog. desservi par quatre grues pouvant chacune lever ce même poids ; et il entrerait dans les prévisions de M. Krupp d'en établir un deuxième du poids de 100,000 kilog.

Nous ne nous arrêterons pas aux particularités qu'on pourrait faire ressortir en examinant les expositions voisines de M. A. Borsig, de la Société Phoenix Laar frères, où le travail de l'acier, appliqué à la chaudronnerie, à la forge et à la construction, est indiqué par une variété de pièces intéressantes. Mais l'étude, pour chacune d'elles, de sa fabrication, de ses avantages et de ses applications, nous conduirait à un travail qui s'éloignerait de l'esprit de cette note.

Nous signalerons, néanmoins, d'une manière particulière, la production de la société de Bochum. Les visiteurs spéciaux ont dû admirer ce groupe de 22 roues de wagons, pesant 10,000 kilog., coulé d'un seul jet sans boursouflures ni craquelures et d'une homogénéité parfaite dans toute la masse, même à l'auvent : ce qui, joint à la netteté de la surface, indique une méthode perfectionnée et sûre.

Ce qui est encore plus remarquable, c'est que l'on ait pu fondre un cylindre de locomotive, avec sa boite à tiroirs et ses conduits de vapeur.

La bride de ce cylindre, située du côté de la masselotte, a été sciée par moitié, tordue et puis forgée à son extrémité, comme si l'on avait voulu prouver que ce métal était bien de l'acier. Ce cylindre, à lui seul, est une belle conquête de la fonderie d'acier. Depuis longtemps, en effet, on cherche le moyen de pouvoir mouler des pièces en acier fondu. Mais la haute température de fusion de ce métal, son refroidissement brusque qui en interdit l'emploi pour les parois minces, avaient fait avorter tous les essais. M. Mayer, directeur de l'usine de Bochum, paraît être le premier qui ait résolu ce problème, de pouvoir étendre le moulage de l'acier fondu à des pièces de construction légères.

En examinant les expositions des diverses puissances,

pour les étudier au point de vue de l'acier fondu, on remarque la généralisation du métal Bessemer, en Suède,
en Belgique, en Angleterre et en Autriche où nous avons
vu des coupes, des couverts d'un beau fini et des feuilles
de 150 au millimètre (forges et aciéries de Leoben).

En France, plusieurs compagnies ont exposé des pièces
mécaniques ou des lingots bruts de ce métal. Le bloc en
deux morceaux, exposé par MM. Petin et Gaudet, est
du poids de 25,000 kilog., et bien que la surface soit
beaucoup moins unie que dans les blocs prussiens, le
grain est d'une belle qualité et homogène. Toutes les
pièces étalées en grand nombre, offrent la diversité la
plus grande dans la forme, la grandeur et la construction,
et attestent toutes, depuis le canon entaillé que la presse à
200 atmosphères n'a pu faire éclater, jusqu'au simple
tube pour fusil de chasse, la même supériorité de métal.
Cette supériorité, on se l'explique quand on a vu les blocs
de minerais de Saint-Léon, dont le rendement n'est pas
inférieur à 62 p. 0/0.

L'exposition de Rive-de-Gier n'est pas seulement supérieure aux expositions similaires françaises et étrangères,
mais elle peut entrer en comparaison avec celle de M. Fried
Krupp, bien que la fabrication principale de l'acier soit
différente pour ces deux établissements de premier ordre.

Dans le bloc de Terre-Noire, nous avons remarqué de
profondes soufflures; ces indices, qui ne préjugent en rien
des qualités d'un métal destiné au corroyage, indiquent
cependant que nous n'aurions pas atteint la perfection de
moulage de nos voisins d'outre-Rhin. Nous avons vu,
toutefois, dans cette même exposition, des pièces moulées
bien réussies, et des tôles travaillées pour chaudronnerie.

C'est cette usine qui a livré l'acier dont on a construit
les fermes du pont en arc, construit sur le quai d'Orsay.

Montataire n'a pas d'exposition de pièces en acier. Cette

importante usine exploite un procédé nouveau non représenté à l'Exposition, mais dont nous dirons quelques mots en terminant.

Nous mentionnerons, en regrettant de ne pas pouvoir nous y arrêter, les expositions de MM. Jackson, Dietrich, Jacob Holtzer, dont chacune a son mérite particulier. On sait qu'il y a 50 ans, quand la France était encore tributaire de l'Angleterre pour les aciers, M. Jacob Holtzer, alors simple ouvrier, établissait à Unieux une aciérie dont les produits, aujourd'hui généralement connus et estimés, peuvent être comparés aux meilleurs aciers de Sheffield. Et on n'ignore pas que M. Jackson est le premier qui ait appliqué en France le procédé Bessemer qu'il représente à un très-haut degré de perfection. Dans l'exposition de M. Dietrich, de Niederbronn, remarquable par des échantillons de fonte, d'une finesse qui défierait celle du bronze dans certains cas, nous avons remarqué particulièrement une roue de locomotive en acier forgé, découpée à la tranche.

Nous arrêterons ici l'exposé sommaire de l'examen que nous avons fait des expositions métallurgiques principales au point de vue de l'acier.

Ce qui ressort de leur ensemble, c'est l'intronisation de l'acier fondu dans l'industrie et la construction, au détriment de la fonte durcie, et de celui du fer dans bien des cas. Malgré des expériences et des débats scientifiques qui voudraient laisser encore au fer une certaine supériorité sur l'acier, les constructeurs paraissent avoir une préférence marquée pour ce dernier, non-seulement pour les pièces à frottement, ce qui est incontesté, mais encore pour les pièces soumises aux efforts ordinaires, lorsqu'ils sont transmis sans choc ou que l'altération de la pièce ne doit être considérée que jusqu'à la période de déformation.

Ce qu'il importe d'obtenir dans l'acier, c'est la constance de sa qualité, dont les écarts sont quelquefois très-sensibles, comme on peut en juger par le tableau suivant, indiquant un résumé d'expériences récentes à la traction sur des pièces mécaniques en acier Bessemer.

USINES.	SECTION.	CHARGE de rupture.	ALLONGE-MENT p. 200 mil.	OBSERVATIONS.
Petin et Gaudet. .	$104,4$ mill.^{2}	7,550	13 mill.	Rupture homogène, étrangl. à la section de rupture.
	$10,3 \times 10,3$	7,750	18 —	
Jackson . .	$10,2 \times 10,2$	4,600	»	Une paille à la rupture.
	$10,2 \times 10,2$	7,500	10 —	Rupture homogène, étrangl.
Dietrich . .	$10,2 \times 10,2$	6,600	23 —	Rupture homogène, étrangl. à la section de rupture.
	$10,2 \times 10,2$	6,700	22 —	
Terre-Noire.	$10,2 \times 10,1$	3,500	»	Section pailleuse.
	$10,2 \times 10,2$	3,600	»	Section pailleuse.

Ces différences, qui peuvent dépendre en partie de la fabrication, sont dues principalement à la présence de matières étrangères dont l'influence est plus sensible pour l'acier que pour le fer. Néanmoins, il résulte d'expériences nombreuses faites à Glascow, par M. Kirkaldy, que ces écarts sont aussi considérables pour les fers, dont les meilleurs, ceux du Yorkshire, de Bowling et de Lowmoor, résistent à 42 et même 46 kilog. en s'allongeant de 20 à 26 p. 0/0, pendant que des fers inférieurs se rompent sous une charge de 21 kilog.

Ces différences montrent que l'on ne doit pas se prévaloir du défaut de qualité de certains aciers, dans la comparaison qui peut être faite entre ce métal et le fer. En prenant comme terme de comparaison les bons fers d'Audincourt, dont la résistance peut s'élever à 55 et 60 kilog. par millim. carré, nous voyons, en nous reportant aux expériences faites à l'arsenal de Woolwich par le colonel Wilmot, que l'acier Bessemer martelé peut sup-

porter une charge de 100 et même 110 kilog. par millim.
carré.

A un autre point de vue, et si nous considérons, par
exemple, le bassin de la Loire, où l'on peut avoir des fontes pour tuyaux, barreaux, etc., à 13 et 18 fr. les 100 kilog.
et à 18 et 22 fr. pour cylindres et colonnes, on atteint le
prix de 35 fr. pour les cylindres bruts de laminoirs trempés en coquille. Les prix de 18 et 19 fr. pour rails en fer
fort, s'élèvent à 22, 24 et 25 fr. pour les fers marchands
laminés et à 28 et 35 fr. pour les fers fins à la houille,
ronds ou carrés. Les arbres droits forgés ne s'obtiennent
pas à moins de 55 et 60 fr., avec augmentation de 5 et
10 p. 0/0, quand il y a des épaulements. On fera à 1 fr.
le kilog. la généralité des pièces forgées, à moins de su-
jétions qui pourraient exiger 1ᶠ,50 le kilog. Quant aux
arbres à plusieurs coudes pour machines marines, où la
garantie est aussi périlleuse que grande, le prix ne peut
être déterminé d'une manière absolue, mais il ne serait
pas inférieur à 2 fr. le kilog. Or, dans ce même bassin
de la Loire où le procédé Bessemer est exploité sur une
grande échelle, on peut livrer aux compagnies de chemins
de fer des rails en acier à 32 et 34 fr. et à la construction, des pièces moulées à 45 et 50 francs.

Il résulte donc de la double comparaison des épreuves
et des prix, que l'acier est appelé aux applications les plus
étendues, surtout quand on sera arrivé, par une fabrication intelligente et sûre, à obtenir des qualités déterminées et constantes. Et que ne peut-on attendre de cette
fabrication encore nouvelle, si, en se maintenant pros-
père, la métallurgie a pu, dans moins de 6 ans, baisser
de près d'un tiers, le prix de certains fers ?

Si l'on tient compte de cet aperçu, et des remarques
intéressantes qui ont été faites sur l'insoudabilité parfaite
des aciers, dans les grosses pièces de forge, on reconnaîtra

qué, dans l'industrie métallurgique, l'acier est appelé à un grand avenir.

EXPOSITION MINÉRALE. — Jetons un rapide coup d'œil sur l'exposition minérale, qui s'étend à tous les échantillons traités dans les diverses fonderies du globe. Les produits minéralogiques, intéressants par le rôle que joue la houille dans l'industrie, ont été envoyés par le plus grand nombre des compagnies houillères. Dans les échantillons métalliques, les minerais de fer sont en plus grand nombre, divisés, pour la France, en deux classes distinctes, dont l'une comprend les minerais courants de nos usines, et l'autre, la classe des minerais étrangers, de Saint-Léon, de l'île d'Elbe et de Mokta-el-Hadid. Plusieurs usines ont une belle exposition de ces divers produits, notamment, les hauts-fourneaux et forges d'Allevard, et les aciéries d'Unieux, pour les fers carbonatés spathiques; et pour les minerais de fer oxydulés, la compagnie du Creusot, et celle de MM. Petin et Gaudet. On a pu remarquer les minerais de la compagnie des hauts-fourneaux de la Solenzora (Corse), ayant une position exceptionnelle au point de vue métallurgique, dans une contrée dont la richesse forestière est bien connue et à proximité ou en communication facile avec les minerais de fer les plus recherchés de l'île d'Elbe, de l'Italie, de l'Espagne et de l'Afrique.

OUTILLAGE. — Les perfectionnements dans l'outillage des mines et de la métallurgie, sont marqués par un matériel plus puissant et mieux étudié. Si nous considérons comme premier exemple, l'opération de fonçage d'un puits, nous remarquons que les appareils qui s'y rapportent, tiennent une place importante dans l'Exposition. Ces appareils sont d'une puissance prodigieuse, et l'on a atteint, par leur emploi, des résultats d'un grand intérêt. C'est ainsi que, dans la concession de Saint-Avold, à l'Hôpital (Moselle), on a pu forer, en moins de 3 ans, deux puits, dont un d'extraction de $4^m,100$ de diamètre, à la profondeur de 160 mètres, à travers des terrains aquifères d'une grande inconsistance, qui eussent rendu impossible un forage à niveau plat, même en employant l'air comprimé, selon le procédé ingénieux de M. Triger. L'emploi de lourds trépans de 2 à 4 tonnes, et le dispositif intelligent de la boîte à mousse, imaginé par M. Chaudron, pour éviter les trousses picotées, sont deux éléments de succès pour le fonçage des puits, sanctionnés par l'expérience.

Les outils qui se rapportent aux travaux souterrains pour remplacer le travail pénible du mineur, sont représentés par divers perforateurs très-ingénieux, pour les roches dures, et pour les roches minérales, par des haveuses mécaniques. Ces dernières, d'exposition anglaise, ont reçu déjà plus d'une application dans les houillères et les mines de fer d'Outre-Manche. Celle de MM. Jones et Levick, destinée aux houillères d'Anzin, diffère sensiblement de celle de MM. Carrett et Marschall, autant par le principe que par le mode de travail. Cette dernière marche par l'eau comprimée à une pression non inférieure à 20 atmosphères, exigeant un effort d'environ 3 chevaux, correspondant à un débit de 8 mètres cubes d'eau à l'heure, et à un travail d'avancement de 13 mètres sur $1^m,20$ de profondeur et $0^m,075$ de hauteur, pour dégager le bloc. On réduirait ainsi le déchet de 1/5, en donnant au charbon une plus-value de $1^f,25$ la tonne. Cette machine, du poids de 1,000 kilog., est facilement transportable.

La machine à couper la houille, de MM. Jones et Levick, marche par de l'air comprimé à 2 atmosphères et demie que lui envoie, par un tube flexible, une machine à comprimer l'air, d'un caractère tout spécial (pl. 11).

Dans cette machine, composée de deux cylindres situés sur le même axe et fixés au même bâti, on remarque tout d'abord la suppression du volant. Le piston à vapeur, invariablement lié à celui à air, fait lui-même sa distribution, sans que les fonds courent aucun risque. Le piston à air g, en touchant la tige i, fait marcher la bielle supérieure m', qui pousse tout à fait dans le cylindre à air la tige h, et peu après, agit sur la tige t du petit tiroir de distribution où la vapeur arrive par un tube t', pour agir sur le piston n. Celui-ci actionne le grand tiroir b, et sa course est limitée par les tampons en caoutchouc q, le piston o étant un simple guide. Le tiroir b est équilibré par le dispositif indiqué au dessin. On conçoit donc que le tiroir est au repos pendant presque toute la course du piston et qu'il ne démasque l'un ou l'autre orifice, que lorsque le piston g refoule l'une ou l'autre des tiges i, h. Cette machine fait de 5 à 6 pulsations par minute, et la chaleur développée par la compression de l'air est enlevée par un bain d'eau froide.

La machine à couper la houille a une distribution commandée également par le piston, qui entraîne un coulisseau c, glissant à frottement doux sur une tige d, terminée par un arrêt b, contre lequel vient heurter le coulisseau c quand le piston s'arrête, soit parce qu'il est à fond de course, soit parce que le pic a rencontré une résistance. Dans ce dernier cas, le coulisseau marche jusqu'à l'arrêt b en vertu de sa vitesse acquise. Au retour, le piston même vient heurter le disque a, à moins que, arrêté de nouveau, le coulisseau ne vienne aussi le repousser. On comprend dès lors la distribution, rendue automatique par cette combinaison. Le levier L sert à gouverner le tiroir directement et à la mise en train. Le dessin indique comment l'avancement peut avoir lieu par le volant V, commandant les engrenages inférieurs, et comment la rotation du pic P peut s'obtenir par le volant V'. L'effort maximum absorbé serait de 3 chevaux, et le travail produit correspondrait à celui de 20 mineurs.

En ce qui concerne la manutention des charbons, les appareils sont généralement exposés en modèles réduits ou en dessin. Un siége d'extraction avec ses puissants appareils d'épuisement et d'aérage, ses chevalets à grande hauteur pour éviter l'envoi des cages aux molettes, ses machines conjuguées, est une installation trop considérable qui ne peut être représentée à une exposition, que pour ainsi dire en miniature. Tels sont les divers modèles de chevalet et de parachutes exposés, les ports ou quais à tiroir établis à Denain et Anzin, et d'autres appareils auxquels nous ne pouvons nous arrêter.

En envisageant le traitement du combustible minéral et des minerais, nous trouvons qu'entre toutes, la section française est la mieux représentée, et qu'elle résume tous les perfectionnements qui se rapportent à l'élaboration de ces produits.

Les appareils établis par M. Évrard, à la Chazotte, pour le traitement mécanique des charbons de cette mine, ont obtenu une médaille d'or. Cette installation, exposée en un petit modèle, comprend toutes les opérations, depuis le criblage jusqu'à l'agglomération, en passant par le lavage mécanique le mieux compris. Des modifications récentes ont été apportées à ces appareils : le balancier supérieur, dont la longueur et le poids en faisaient une pièce coûteuse, a été remplacé par une commande inférieure directe. Le piston flottant a été renversé comme une cloche de gazomètre, et on y renvoie dessous, à l'aide d'un tonneau à robinets et reniflard, de l'air à volonté. Ces appareils concourent au progrès de l'industrie métallifère par l'amélioration du combustible minéral.

Quant à la préparation mécanique des minerais, les appareils qui s'y rapportent ne sont ni moins variés, ni moins parfaits que ceux destinés au traitement des charbons. Ceux exposés par la compagnie de Fives-Lille forment une série complète de préparation des minerais, depuis la machine à casser et les cylindres broyeurs, jusqu'aux cribles de diverses formes, desservis par des trommels spéciaux.

Ces appareils, dans leur mesure, sont également appelés à développer l'industrie des métaux, en ce qu'ils permettent le traitement de minerais auparavant délaissés comme pauvres, et qu'ils obtiennent en dernier ressort, des produits considérablement enrichis. Ils constituent un nouveau progrès, et le Jury leur a attribué une médaille d'or. L'application des cribles peut être étendue, avec de légères modifications, au lavage des charbons et à la séparation des escarbilles dans les résidus des fours, qui encombrent les pays de forge.

En dehors des machines-outils, dont tout le monde a pu apprécier la puissance et la perfection, autant que les nombreuses variétés, l'outillage des forges est représenté, en général, par quelques modèles ou des dessins, et par divers marteaux. Parmi ces derniers, ceux de grandes dimensions sont généralement réduits. Tels sont ceux de MM. Thwaites et Carbutt, où nous avons vu appliquer l'idée de transmettre le choc horizontalement. Dans le plus petit des deux types, les deux marteaux semblables pèsent chacun 10 tonnes, portés par des galets des rails fixés au bâti commun. Ils sont attachés par leur centre chacun à une bielle venant s'articuler sur la tige de piston d'un cylindre à vapeur, situé au-dessous, et sur l'axe de rencontre des deux masses. Ces bielles forment ainsi, avec la tige du piston, un Y dont les branches supérieures s'ouvrent, quand le piston remonte, et

se referment quand il descend, entraînant ainsi les deux
marteaux l'un contre l'autre. Un chariot sur rails, mu
par pression hydraulique, conduit la pièce à forger qui
est généralement un rail en fer ou en acier, pour ce
dispositif.

L'autre type, d'une plus grande puissance, est destiné
aux plus grosses pièces de forge. Les deux blocs roulants ont chacun 30 tonnes; directement chassés l'un
vers l'autre par des pistons à vapeur disposés à l'arrière
et sur le même axe. Le support de la pièce est traversé
par une vis à filets carrés inverses, s'engageant, de
chaque côté, dans une douille venue aux marteaux, de
sorte que ceux-ci en se mouvant, animent la vis d'un
mouvement de rotation. Cette disposition a pour but de
faire dépendre les marteaux l'un de l'autre, afin que l'a-
vancement de l'un concorde exactement avec un avancement symétrique et semblable de l'autre.

MM. Thwaites et Carbutt ont exposé aussi, en un petit
modèle, un marteau self-acting et un marteau en grandeur
remarquable par deux jambages en tôles rivées.

Les autres types exposés sont de petites dimensions, si
nous en exceptons celui de M. Farcot, généralement
connu par la publication de M. Armengaud, et celui plus
considérable de M. Detombay (à Marcinelle). Ce dernier
est à simple effet, à distribution par soupape équilibrée
avec reniflard, pour le cas où un vide accidentel viendrait
à s'établir dans la chambre supérieure munie, en outre,
d'une soupape à ressort. Nous en donnons un dessin.

Dans les petits marteaux, nous avons remarqué plusieurs types divers : celui de M. Davies (Angleterre)
est à queue, et peut accomplir un mouvement de rotation complet, pouvant frapper sur plusieurs enclumes ou
étampes disposées en cercle. A l'aide d'un piston inférieur
et d'une pression hydraulique, on peut élever le centre

d'osculation du manche, de manière à permettre au marteau de frapper à diverses hauteurs et suivant certaines inclinaisons. Enfin, une disposition est prise pour que le marteau puisse cingler dans tous les sens, jusqu'à la position horizontale. Ce marteau est destiné à remplacer les frappeurs, il a été publié par M. Oppermann.

MM. Schmerber, de Mulhouse, ont exposé un martinet qu'ils ont successivement perfectionné. Le mouvement donné à la poulie motrice est transmis à l'arbre de la camme, par l'intermédiaire d'un prisme en caoutchouc, de manière à amortir le choc quand la camme soulève le marteau. Cette disposition est étendue au calage du volant. Le marteau est en même temps rendu solidaire, à un certain point supérieur de sa course, d'un fort ressort en caoutchouc en deux pièces disposées dans un fourreau cylindrique.

Les autres variétés de petits marteaux sont de trois types divers. Dans le but d'abréger cette note, nous n'en parlerons que brièvement, en renvoyant, pour plus d'explications, aux dessins.

Le premier est de l'usine suédoise de Lindahll et Runer. Il marche par la pression atmosphérique, obéissant, avec une grande sensibilité, à son régulateur qui n'est autre qu'un robinet latéral dont on peut varier l'ouverture à la main, ce qui détermine dans le cylindre inférieur un vide relatif plus ou moins grand, par suite de l'aspiration du piston supérieur, muni d'une soupape à ressort. Une soupape en cuir S, permet l'entrée de l'air dans la chambre c, afin que la pièce intermédiaire p, si elle venait à être soulevée par le piston P, trouve l'action d'un ressort dans l'air emprisonné dans cette chambre. Des siéges en cuir sont disposés pour le choc. Son application ne nous parait préférable que pour le cas où l'on ne disposerait que d'une transmission ou d'une force hydraulique.

Le marteau de MM. Schaw et Justice, dit à *coups
terribles*, a un caractère particuliér que l'on saura apprécier à la simple vue du dessin. La principale action du
mouton réside dans la réaction du ressort en acier R,
plié en arc. La bielle est susceptible d'être réglée par le
manchon M et les vis V, de manière à donner à l'arc la
tension nécessaire, suivant l'épaisseur des pièces à forger.
La fondation est en pierre avec un simple lit de bitume,
et des pièces de bois à la partie inférieure, pour le serrage des boulons. Le tendeur T est disposé de telle sorte
que lorsqu'il appuie sur la courroie, le frein F se desserre ;
ce qui a pour effet d'augmenter l'intensité et la rapidité
du nombre de coups. Le jambage porte une ouverture
annulaire O, de manière à pouvoir, au besoin, forger par
l'arrière ou faire passer la barre. Un coin de rattrapage *t*
est disposé pour l'usure de la coulisse. Enfin, les pannes
inférieures sont fixées à queues d'aronde et maintenues
par le serrage d'une pièce *m*, réglée par la vis *n*.

Le troisième marteau est celui de MM. Keller et Banning,
de Chemnitz, bien différent des précédents. Il est à action directe, à grande vitesse, à mouvement automatique,
et principalement destiné au corroyage des petits aciers
pour lames. Le type exposé est à deux jambages fixés
sur une chabotte, sortant du sol jusqu'à la hauteur du
travail. Les pannes sont fixées à la manière ordinaire. Le
marteau, la tige et le piston sont en acier fondu d'un seul
morceau ; le couvercle inférieur faisant presse-étoupe est
donc en deux pièces. La vapeur arrivant suivant *a*, est
admise par un tiroir ordinaire situé en *c* et manœuvré
par le levier L. Le robinet de distribution R reçoit son
mouvement du marteau même par la coulisse *c* et les
leviers *b*, *f*, et sa régulation est donnée par le levier L′,
monté sur un axe qui traverse le bâti.

L'axe considéré du levier L′ porte un bouton excentré

autour duquel oscille le levier coudé bv ; la rotation du
levier L' sur le segment à cliquet s, déplace la position du
centre q. C'est là qu'est l'ingéniosité de la distribution.

L'inspection de l'épure montre que le levier étant ra-
mené à sa partie inférieure en a', le point q ira en q',
ce qui aura pour effet de remonter le point O' en O''' et
de donner au robinet R de l'avance à l'introduction en
haut du piston, en augmentant à la partie inférieure l'a-
vance à l'échappement. Le piston pourra donc descendre
au plus bas de sa course. Le contraire aura lieu si nous
ramenons le levier en a' : l'avance à l'échappement sera
diminuée en dessous du piston, la compression sera plus
grande et le marteau se tiendra à une certaine distance
de la panne, la course ayant été remontée. Dans cette position, le mouvement descensionnel s'obtient en remontant
progressivement le levier L', et cette régulation est telle-
ment graduelle et exacte que nous avons vu plusieurs
fois le conducteur enlever un pain à cacheter sur un verre
de montre.

Nous signalerons en terminant, comme faisant partie de
l'outillage de forge, le ventilateur Roots, ayant quelque
analogie avec le ventilateur Fabry, employé en Belgique
et généralisé en Amérique où il a été inventé. Le croquis
que nous en donnons indique la simplicité de sa construction. Les ailes AA' sont commandées par les engrenages
RR', elles sont aussi rapprochées que possible l'une de
l'autre, mais sans se toucher : les frottements sont ainsi
réduits à ceux des engrenages et des tourillons. La vitesse
de cet appareil est de 200 à 250 tours, et celui exposé
pourrait donner le vent voulu à un cubilot pour fondre
5 tonnes à l'heure. M. Peteaux, constructeur, à Passy-
Paris, aurait acquis le privilége pour la France.

CONSIDÉRATIONS GÉNÉRALES.

Si, après avoir parcouru dans leur ensemble toutes les
expositions métallurgiques importantes, nous nous arrê-
tons un instant pour résumer nos observations, que
voyons-nous ?

Une activité très-grande, luttant avec énergie contre
une concurrence éclairée, perfectionnant, pour la maintenir et la développer, une fabrication économique, un
matériel puissant et raisonné, un choix éclairé des matières premières dont l'expérience a sanctionné les qualités.

Pourtant les innovations métallurgiques ne sont pas
nombreuses. Déjà, en 1862, le procédé Bessemer était
connu, et dès 1855, M. Krupp produisait de notables
quantités d'acier puddlé, fondu au creuset avec un mélange de fer spécial. La méthode implantée dans le
Yorkshire par Benjamin Hunstmann, en 1749, est large-
ment représentée, et la réputation des aciers de Sheffield
n'a pas encore été détrônée par une fabrication nouvelle.
Les fers suédois à propension aciéreuse, longtemps acca-
parés par l'Angleterre ainsi que ceux de Russie, conser-
vent toujours leur réputation qu'ils doivent à la nature de
leur minerai et de leur combustible. Aucune méthode
nouvelle d'affinage n'est venue encore se substituer aux
méthodes déjà connues. Le mazéage, tour à tour aban-
donné et repris, se confond quelquefois encore avec l'affinage au four à réverbère ou au four à puddler. On pourrait donc se demander où est le progrès, s'il est vrai que
cette Exposition l'indique.

Sans doute, le progrès inventif proprement dit ne s'y
révèle pas, mais on ne saurait le nier au point de vue de
l'application, du perfectionnement et du développement

considérables. Cette Exposition confirme, en les continuant, les progrès entrevus aux deux Expositions précécédentes, en même temps qu'à son tour, elle en laisse entrevoir de nouveaux.

Lorsqu'en 1855, l'industrie, la marine, l'artillerie réclamèrent un acier économique, produit en grandes masses, l'acier puddlé fondu au creuset, parut un instant résoudre le problème à lui seul, surtout lorsqu'entre autres usines importantes, celle d'Essen put en exposer un fort joli groupe. Ce procédé d'affinage est jugé encore avec beaucoup de considération, même en le comparant aux procédés plus nouveaux ; car, s'il exige une grande installation, une manutention plus complexe, une bien plus grande consommation de combustible ; en revanche, le déchet n'est pas plus grand et l'expulsion des matières étrangères nuisibles est plus sûre ; l'action du cinglage s'ajoutant à celle des réactions aux bas-foyers pour le départ des derniers restes du silicium et surtout du soufre et du phosphore, dont l'influence est si funeste dans la fabrication de l'acier.

L'investigation des métallurgistes ne s'arrêta pas cependant à cette solution ; en 1857, M. Bessemer installait une méthode nouvelle à Edsken, en Suède, dont les fontes, bien qu'inférieures à celle de Dannemora, sont pourtant très-propres à l'affinage ; M. John Brown établissait à Sheffield, à côté de son ancienne et traditionnelle fabrication d'acier cémenté du Yorkshire, un convertisseur Bessemer pouvant traiter 2,000 kilog. à la fois. En France, M. V. Jackson en faisait le premier l'application, en 1861, à Saint-Seurin ; MM. Petin et Gaudet la développait à Aissailly sur une grande échelle, et bientôt, dans le bassin de la Loire et plus loin, le procédé Bessemer se généralisa. En 1862, il avait pu produire des échantillons sur lesquels les métallurgistes et les savants purent établir leurs conjectures. Le métal fut considéré comme de l'acier imparfait ; mais déjà il pouvait satisfaire à des applications nombreuses, et des perfectionnements dans la fabrication se laissaient deviner. En effet, cette méthode accueillie d'abord avec méfiance, préconisée ensuite avec trop d'ardeur, a pris aujourd'hui sa place réelle au rang que lui ont assigné dans l'industrie, les maîtres de forges qui l'ont mise en pratique..

L'Exposition de 1867, est la manifestation la plus éclatante de la généralisation de ce procédé, en Angleterre, en Belgique, en France, en Suède et en Autriche, où cinq usines importantes l'ont déjà adopté.

Mais la marine et la guerre, l'industrie et les travaux publics, sont-ils suffisamment satisfaits, ou l'acier de puddlage fondu au creuset doit-il être préféré, concurremment avec le fer ? Cette Exposition ne répond pas encore à cette question d'une manière absolue, en faveur de l'acier Bessemer.

La marine accepte les nouveaux produits, mais sans renoncer encore à ces énormes pièces de forge, dont nous avons vu de si beaux échantillons.

La guerre accueille l'acier Bessemer pour ses canons et ses projectiles, bien que l'Angleterre ne renonce pas à la fabrication de ses canons Armstrong, et que la plaque de blindage ne paraisse pas encore susceptible d'être fabriquée en acier ; elle accueille avec autant de faveur l'acier de puddlage, et le canon Krupp en est la preuve.

Quant à l'industrie et aux travaux publics, on sait dans quelles limites étendues leurs besoins sont satisfaits par l'acier Bessemer.

Les perfectionnements dans la fabrication du fer rendent d'autant plus difficiles les applications de l'acier, dont la ténacité n'est beaucoup plus considérable que celle des bons fers, qu'après le laminage et surtout le

martelage. Il importe en outre, et c'est le défaut du procédé, que les fontes affinées soient pures. Cette condition
a établi deux variantes dans la méthode dont une est dite
suédoise, et l'autre anglaise. Dans la première, par suite
de l'excellente qualité des fontes de Dannemora, Vint-
jerne, Kracknas, etc., la conversion est arrêtée au point
où l'on juge la décarburation suffisante, et la coulée a
lieu. Dans la méthode anglaise, traitant des fontes moins
pures, on se préoccupe davantage de l'expulsion des
matières nuisibles, principalement du phosphore et du
soufre. Aujourd'hui que cette fabrication est connue,
quelques ingénieurs doutent que, malgré la fonte au réverbère, qui permet un commencement d'affinage, on
puisse jamais éliminer facilement ces corps par suite du
brassage énergique, de la grande température, et de la
fluidité du bain métallique, qui réagit sur les oxydes primitivement formés, pour les réduire de nouveau. L'emploi de minerais manganésifères a été essayé sans succès,
pour expulser le phosphore, le fer réagissant sur le phos-
phate de manganèse pour le réduire en phosphure.

Aussi, dans la méthode anglaise, l'opération est-elle
continuée jusqu'à la transformation de la fonte en fer,
c'est-à-dire, jusqu'à l'expulsion presque complète du carbone, que l'on réajoute après par le mélange de 10 p. 0/0
de fonte choisie (spiegel-eisen de Westphalie, fonte spé-
culaire de Ria ou de Givors).

Cette méthode, naturellement plus coûteuse, donne des
produits plus constants, mais moins estimés que les produits suédois ; ce qui tient uniquement, malgré une lé-
gère différence dans le mode d'affinage, à la provenance
des fontes.

Ainsi, le procédé Bessemer offre des défauts en même
temps que de précieux avantages, et l'on comprend l'intérêt immense qui s'attache à cette question, car de la

réalisation vraiment pratique du problème dépend l'avenir de la métallurgie, et la prépondérance de la nation qui en aura mieux développé les éléments. Aussi, l'esprit des chimistes ne s'est pas tenu au repos, et de toutes parts, on cherche à obtenir en grande masse, de l'acier excellent, obtenu à un prix non supérieur à celui du fer, avec des fontes ordinaires.

Tel est le but du procédé Bérard, aujourd'hui exploité à Montataire, et bientôt à Marquisés, dont une partie de l'usine a été transformée en aciérie. Ce procédé est généralement connu et nous n'en dirons que peu de mots.

L'affinage peut être étendu aux fontes ordinaires préalablement déterminées ; l'opération est régulière, continue, et n'est pas subordonnée à l'habileté du moment comme dans la méthode anglaise. La fonte est amenée sur une sole mobile, portée par un chariot, soit par une sole supérieure inclinée où elle est fondue, ou mieux du hautfourneau ; elle est alternativement soumise à deux actions distinctes : une oxydante, visant au départ des matières étrangères, l'autre réductrice, à l'aide de certains gaz convenablement préparés, ayant pour but de réduire une partie des oxydes formés, et de restituer du carbone.

A l'aide de ces deux opérations alternées et convenablement dirigées, on parvient à éliminer les corps nuisibles, sans brûler une grande quantité de fer, et sans qu'il soit besoin d'ajouter un correctif. L'acier obtenu subit plus de 10 fois l'action de la trempe et du recuit sans altération sensible ; sa densité après la trempe est de 8,92, et il est applicable à la fabrication des outils.

Cette méthode offrirait donc les avantages du procédé Bessemer, sans être astreinte à ne fabriquer que des fontes spéciales. Une telle solution, en diminuant l'importance des fers du Nord et du combustible, peut déplacer la réputation et l'importance de certains contrées métallurgiques; elle serait toute à l'avantage de la France, et nous l'appelons de tous nos vœux.

RÉSUMÉ.

En nous reportant à l'exposé des faits que nous avons consignés, et aux considérations qui précèdent, nous pouvons dire que le progrès s'est manifesté dans les diverses parties de la métallurgie. En dehors de la production économique de l'acier, principalement par le procédé Bessemer, la production métallurgique s'est accrue de toutes parts, en diminuant ses prix de revient; ce qui n'a pu s'obtenir que par une fabrication mieux étudiée, par l'emploi de minerais choisis, de gîtes récemment découverts ou exploités, et par la facilité des voies de transport. La pureté plus grande du combustible minéral élaboré, la préparation mécanique et rationnelle de certains minerais, la plus grande facilité d'extraction et de transport des produits améliorants, sont autant d'éléments nouveaux qui ont permis d'obtenir à des prix réduits, des fers traités à la houille, d'une excellente qualité, dérivant de fontes applicables aux divers procédés d'affinage que nous avons indiqués (1).

Quant à l'outillage, il faudrait se transporter au centre de ces industrieux ateliers qui étonnent le visiteur par la puissance de leurs moyens. Les fers à grands profils, les arbres de toutes dimensions, les plaques de blindage, les lingots d'acier forgés, indiquent que les engins qui servent au corroyage et au martelage de ces pièces ne peuvent être représentés à une Exposition, autrement qu'en

---

(1) Mentionnons le procédé de M. Émile Martin, dont les forges de Sireuil ont exposé quelques échantillons.

dessin ou en modèles réduits. Telle est, par exemple, l'installation complète de l'appareil Bessemer, dans le secteur anglais, ou celle des trains de laminoir universel devant être établie à l'usine des étains des frères Marrel (Rive-de-Gier).

Quant à la comparaison des produits similaires, si nous envisageons la production de l'acier en masse, nous voyons en Prusse une fabrication remarquable, à laquelle peut seule être comparée notre usine française de Rive-de-Gier. Les aciers de Dannemora et Fagërsta, en Suède, ceux de Sheffield, en Angleterre, ceux de MM. Jacob Holtzer, en France, sont également recherchés et estimés.

Pour le fer, l'ancienne réputation des fers au bois tend de jour en jour à être remplacée par celle des fers à la houille, dont nous avons indiqué les nouveaux éléments de prospérité. Les usines de Châtillon et Commentry, de Rive-de-Gier et du Creusot, résument tous les perfectionnements de cette branche de la métallurgie, tant au point de vue des fers de construction et marchands, qu'à celui des échantillons de minerais et de combustible.

Tel est, dans son ensemble, le résumé de nos modestes recherches ; une étude pareille eut été digne d'un maître, non d'un élève tel que nous. Si, par indulgence, et pour encourager nos débuts, un de nos aînés consentait à retoucher notre imparfaite esquisse, nous croyons qu'elle pourrait alors offrir plus d'intérêt à nos camarades.

CASALONGA.

Pour nous conformer aux intentions du Comité, qui a manifesté le désir de restreindre les dépenses d'impression, qui seront considérables cette année, plusieurs dessins, qui n'offraient pas un grand intérêt, ont été supprimés dans ce travail, ainsi que dans celui des moteurs.

(Note de l'auteur.)

ÉTUDE SUR QUELQUES MOTEURS EXPOSÉS

ET PRINCIPALEMENT SUR LES

MACHINES HORIZONTALES

« L'union fait la force. »

———

Le nombre des moteurs exposés, surtout par les constructeurs belges et français, est très-considérable, et il serait difficile d'en embrasser l'étude générale, sans sortir des limites ordinaires de cette note.

Parmi tous ces moteurs, dont chacun a son type et son mérite particuliers, les machines verticales à balancier, toutes du système de Woolf, sont les moins nombreuses ; et il semblerait que les machines horizontales, exposées en bien plus grand nombre, seraient appelées à les remplacer. Nous nous occuperons plus spécialement de ces dernières ; mais avant d'en commencer l'étude, nous signalerons rapidement quelques-unes des machines à balancier, dont nous donnerons les conditions générales.

MACHINE A BALANCIER DE M. LECOUTEUX, DE PARIS (1).— Cette machine a été généralement remarquée, et le Jury lui a décerné une médaille d'or. Sa force est de 50 che-

———

(1) Les dessins de cette machine sont au Conservatoire impérial des arts et métiers.

vaux, à 30 tours, avec un cinquième d'introduction, et une pression sur le piston de 6 kilog. par centimètre carré. Les tiroirs sont à entraînement, suivant le système Farcot, et un modérateur Larivière, agit sur la camme de détente. L'admission, dans le grand cylindre, a lieu par quatre soupapes équilibrées, à double siége.

La pompe à air de 0,330 de diamètre, est à double effet, engendrant un volume de 0^{m3},0642, égal au 1/8 du grand cylindre ; sa course est de 0^{m},750.

D'après des expériences qui auraient été faites, la consommation en charbon serait de 1 kilogr. à 1^{k},10 par force de cheval et par heure, avec des générateurs utilisant bien le combustible. Le constructeur garantit 1^{k},25.

Données générales.

Pistons	Petit	Diamètre	0,400	Surface	0,1257
		Course	1,450	Volume engendré	0,1439
	Grand	Diamètre	0,600	Surface	0,3420
		Course	1,500	Volume engendré	0,5132

Rapport des volumes des deux cylindres 9,32
Volume du condenseur 0,064
Lumières d'admission du petit cylindre. $0,05 \times 0,166 = 0,0066$
Lumières de communic. entre les 2 cyl^s. $0,05 \times 0,250 = 0,0125$
Longueur du balancier . . . . 5^{m},600
Longueur de la bielle . . . . 5 ,010

L'exécution de cette machine est soignée. Les cylindres sont fondus d'une pièce avec leur enveloppe et la plaque de fondation, et l'eau de condensation est évacuée de la chemise à l'aide d'un flotteur automoteur. Les serrages du parallélogramme exécuté, d'ailleurs, avec soin, sont tous dans le même sens.

MACHINE ACCOUPLÉE A DEUX CYLINDRES ET A BALANCIER, SYSTÈME WOOLF, CONSTRUITE PAR M. POWEL, DE ROUEN. — Parmi les machines à balancier du système Woolf, celle de M. Powel a été particulièrement remarquée par les nombreux visiteurs de l'Exposition. La marche régulière de ses deux balanciers, oscillant sur leurs robustes colonnes d'appui, formait, avec les autres organes, un mouvement

d'ensemble grave et imposant qui est le caractère particulier de ce type de machines.

Données générales.

Pistons
- Petit
  - Diamètre   0,350   Surface.   0,0962
  - Course. .   1,100   Volume engendré.   0,105
- Grand
  - Diamètre   0,650   Surface.   0,3310
  - Course. .   1,50   Volume engendré.   0,498

Rapport des volumes des deux cylindres. . . . .   1 : 47
Longueur de la bielle 2 1/2 de c . . . . . . $3^m,750$
Diamètre du volant denté à la cir. prim. . . . . . $5^m,47_0$
Diamètre du volant au milieu de la jante. . . . . $5^m,170$
Poids de la jante. . . . .   9 tonnes.
Vitesse de cette jante, par seconde. . . . . . . $9^m,15$

La distribution est fixe ; elle a lieu par une camme
triangulaire curviligne c, en acier, se mouvant dans un
châssis guidé c', ayant des règles en acier r, vissées à
l'endroit où la camme travaille. Ce châssis actionne directement les tiroirs par la traverse supérieure a.

Ce mode de distribution est principalement plus avantageux que celui de l'excentrique circulaire, les tiroirs
étant au repos pendant la pleine introduction, c'est-à-dire
pendant 1/6 de révolution de la manivelle, et qu'ils
ouvrent ou ferment les lumières rapidement pendant 1/3
de cette même révolution. L'usure aux angles de la camme
est assez rapide. On a soin pour y remédier, de les
arrondir légèrement, et de donner aux rayons de ses arcs
une valeur un peu plus grande que la course des tiroirs
équilibrés par un contre-poids p.

Le régulateur, simple pendule de Watt, agit à la fois
pour chaque machine sur un robinet R, d'une disposition
particulière, permettant l'action directe à la main d'un
volant de mise en train, en même temps que celle du
levier du régulateur, sur une clef tournant dans la clef
même de mise en train.

La vapeur n'arrive au robinet de régulation qu'après
avoir traversé la double enveloppe du petit cylindre et

où elle est amenée par les tuyaux uu'. L'enveloppe est fondue d'une seule pièce, mais nous n'avons pu savoir si les deux fourneaux étaient, comme nous le croyons, en communication libre, ou si, comme on l'a dit, la vapeur n'enveloppait le grand cylindre qu'en allant au condenseur. Les cylindres sont fondus séparément et rapprochés le plus possible l'un de l'autre, autant pour diminuer la longueur du balancier, que le porte-à-faux de la traverse supérieure a du châssis, et la longueur du tuyau en cuivre J, servant à faire passer dans le grand cylindre la vapeur qui a agi dans le petit. Ce tuyau est fixé contre les boîtes à tiroirs mêmes, dont les couvercles peuvent ainsi être facilement démontés. Il est coudé pour permettre sa dilatation.

Les canaux de vapeur sont prolongés dans une pièce E, non fondue avec le cylindre même, et s'appuyant sur une colonne creuse E', disposée vis-à-vis chacun des cylindres. A l'endroit où cette pièce est boulonnée sur le dressage du cylindre, le joint avec la chemise sur les trois côtés de l'ouverture rectangulaire est fait au mastic de fonte et un boulon b entretoise les deux joues latérales, pour en empêcher l'écartement que pourraient produire les effets de la dilatation ou du masticage.

L'une des colonnes creuses E'', conduit la vapeur dans la boîte B, d'où elle s'échappe après avoir agi dans le petit cylindre, par l'ouverture centrale de la pièce E, en communication avec le conduit J. L'évacuation de la vapeur vers le condenseur, après sa détente dans le grand cylindre, s'opère par l'ouverture centrale de la deuxième pièce E, rejoignant par deux conduits latéraux la colonne creuse E', dont la forme extérieure est semblable à celle de la colonne voisine E''.

Le condenseur est de la forme simple dit *à anneau concentrique* ou de Maudslay, recevant en son milieu la pompe à air. L'injection réglée à la partie supérieure par la manette *n* sur les indications d'un cadran, rencontre la vapeur dans le tuyau d'amenée même.

La bielle, d'une longueur de 3,750, a la section cruciforme ordinaire, des bielles en fonte, avec noyau cylindrique raccordé. Chacune des branches de la fourche est enchâssée dans un étrier fermé et le serrage s'effectue par une simple clavette agissant par le coussinet inférieur.

La jante du volant est formée de huit éléments assemblés à queue d'hironde avec autant de bras fondus séparément et boulonnés aux tourteaux ; il porte une denture calibrée, transmettant le travail de la machine. Ce mode de transmission, qui évite un harnais de roues, paraît se généraliser, et l'application en a été faite à un grand nombre des moteurs exposés.

Par suite de la disposition adoptée, la machine, portée uniquement par deux colonnes, est isolée du reste du bâtiment, auquel elle ne demande aucun appui. Deux simples colonnettes D' fixées à des consoles M, venues aux brides des grands cylindres, supportent l'entablement H qui va aux deux colonnes centrales et les contourne en les entretoisant. La rigidité du balancier, par rapport aux cylindres et à cause des parallélogrammes, est ainsi assurée, sans que l'effet du mouvement grandiose de ces machines soit masqué ou altéré.

Nous ne nous étendrons pas davantage sur cette machine que nous avons entendu juger d'une manière favorable, et à laquelle le Jury a décerné une médaille d'or ; elle est d'ailleurs peu différente du type généralement connu par la publication de M. Armengaud. Des expériences au frein et à l'indicateur auraient montré que le travail recueilli sur l'arbre moteur serait les 80 p. 0/0 de celui développé par la vapeur sur les pistons, ce qui indiquerait mieux que toute autre observation la perfection du mécanisme. Mais nous refusons de croire à un aussi beau résultat.

L'appareil exposé est d'une force collective de 60 chevaux effectifs, à 34 tours, avec une pression absolue p de 3 atmosphères pendant les 5/6 de la course du petit piston, ce qui donne 5,68 pour le degré de détente ; le travail t développé par 1 mètre cube de vapeur à 1 atmosphère est de 28,300 k^m. La pression p' au condenseur étant supposée de $0^{at},15$, la formule donnant la puissance théorique d'une seule machine par tour de volant, est :

$$T = 2 \, (vtp - 10333 \, Dp') = 13,115 \text{ k}^m.,$$

v, étant le volume dépensé dans une pulsation simple du petit piston ou : $0^{m^2},0962 \times 1,10 \times 5/6 = 0^{m^3},0875$ et D le volume engendré par le grand piston.

Pour les deux machines et par seconde, le travail théorique serait :

$$\left(\frac{13,115 \times 34}{75 \times 60} \right) \times 2 = 200 \ (1) \text{ chevaux environ.}$$

Ce qui indique que le constructeur, dans le but d'augmenter la garantie de l'acheteur, a admis un coefficient de rendement de 30 p. 0/0 seulement, coefficient évidemment trop faible pour un appareil pouvant rendre 80 p. 0/0. Ces deux limites sont assurément exagérées ; l'appareil exposé, si les dimensions et les conditions établies sont exactes (2), peut facilement développer 120 chevaux. Les 60 chevaux indiqués doivent être facilement atteints avec une introduction beaucoup plus faible, ce

---

(1) La formule théorique $T = 10000 \, PV \left(1 + l. \, h. \, \dfrac{V_1}{V} - \dfrac{P'}{P_1} \right)$ également applicable aux machines à deux cylindres, puisque le travail de la détente est le même, quelle que soit la forme du récipient, donne $T = 194,4$ chevaux.

(2) Les dimensions et les conditions relevées au carnet d'un membre du Jury conduisent en effet à un travail de 60 chevaux avec un coefficient de 55 p. 0/0, la pression étant supposée de $2^k,5$.

qui est une excellente condition pour réduire la consommation du combustible.

MACHINE A BALANCIER DE M. SIGL, DE VIENNE. — Cette machine fonctionne à Vienne depuis 10 ans, et elle ne semble pas s'être ressentie de ce long service. L'exécution en est soignée : un entablement, auquel on arrive par un escalier élégant en spirale, contourne le balancier, que supporte une colonne centrale à cannelures, très-robuste.

Données générales.

Pistons
- Petit : Diamètre 0,435 Surface ...... 0,1498 ; Course.. 1,107 Volume engendré. 0,1730
- Grand : Diamètre 0,816 Surface ...... 0,5215 ; Course.. 1,581 Volume engendré. 0,8240

Pompe à air à double effet . : Diamètre .... 0,422 ; Course 0,790
Pompe à eau froide ..... : Diamètre .... 0,184 ; Course 0,520
Pompes alimentaires (deux). : Diamètre (plongeurs) . 0,066 ; Course 0,520

Rapport des volumes des deux cylindres 1,5
Longueur du balancier................. 5,058
Hauteur en tourillon................. 0,817
Diamètre des tourillons du balancier......... 0,158
Diamètre du tourillon de l'arbre moteur....... 0,263
Longueur de la bielle en fonte (cruciforme)...... 4,642
Poids du volant.................... 10,000[k]
Diamètre du volant (moyen) 5,058

La détente est du système Mayer. La variabilité est obtenue à la main, à l'aide d'un volant à index.

La force de cette machine est de 60 chevaux, à 25 tours, et à une pression initiale de 5 kilog. par centimètre carré du piston. Son prix est de 35,000 fr.

MACHINE A BALANCIER CONJUGUÉE DE M. CARELS. (GAND). — Cette machine, d'une force indiquée de 100 chevaux, est destinée à une filature.

Données générales.

Pistons
- Petit : Diamètre 0,440 Surface....... 0,1520 ; Course.. 1,320 Volume engendré. 0,2050
- Grand : Diamètre 0,750 Surface ...... 0,4417 ; Course.. 1,750 Volume engendré. 0,7730

La distribution au petit cylindre est spéciale. Elle est variable à la main à trois degrés fixes, correspondant aux introductions de 1/4, 1/2, 2/3 de la course. Cette variabilité s'obtient par la camme inférieure a, qui peut glisser sur l'axe b, et présenter aux galets en acier, $c\ c'$ l'un des trois bossages $i\ i'\ i''$. Un cadre solide portant les rouleaux en acier, transmet le mouvement aux tiroirs. Ceux-ci sont d'une disposition particulière, équilibrés tous les deux par des plaques à friction $d\ d'$, dont on peut varier le serrage à volonté pour que les tiroirs glissent à frottement doux.

Le régulateur est un simple pendule conique à bielles croisées, agissant sur une valve-papillon e.

La vapeur, après avoir agi dans le petit cylindre, arrive dans la boîte f, à l'aide d'un tuyau de communication g; elle est distribuée par le tiroir à coquille h, émettant ou distribuant par deux arêtes à la fois, de manière à ouvrir un passage de $0^m,06$ par une course de $0^m,03$. Le mouvement est donné à ce tiroir par une petite manivelle située à l'extrémité de l'arbre b.

Au moment d'évacuer le grand cylindre, la vapeur introduite primitivement pendant 1/3 de la course, dans le petit cylindre, occupe un volume 12 fois plus grand, le rapport des deux cylindres étant de 1 à 4. Le constructeur, dans le but de reculer le plus possible la limite de la détente, en lui faisant rendre le plus grand effet utile, a mis une enveloppe de vapeur au seul grand cylindre, pour restituer de la chaleur à la vapeur refroidie par la détente. En considérant la communication avec le condenseur, et la déperdition de chaleur à travers les parois intérieures, pour un grand écart de température, la double enveloppe au grand cylindre ne devrait pas, d'après certaines opinions, réaliser une économie notable ; nous pensons qu'on doit en mettre aux deux cylindres. La nécessité de satisfaire à des dispositions plus intéressantes a pu seule empêcher le constructeur de rapprocher davantage de l'axe, les boîtes de distribution, qui en sont fort éloignées, afin de diminuer la longueur des conduits.

Les pistons moteurs ont été modifiés heureusement par l'application d'un anneau concentrique à l'estomac, mais libre et portant les vis de serrage des ressorts. L'action de ceux-ci se répartit uniformément sur toute la circonférence, sans que la tige puisse être déviée. Les pistons des pompes à air, logées dans l'intérieur du condenseur, pour faire avec les pompes alimentaires, un ensemble compact et toutefois accessible, sont également particuliers. Ils sont garnis, ainsi que les clapets de retenues, de plaques en caoutchouc, et la garniture est faite avec des douves en bois dur que l'expérience aurait démontré au constructeur préférable au chanvre.

Les bielles du parallélogramme sont à têtes fermées avec clavettes de serrage, permettant de rattraper l'usure, non toutefois sans altérer la distance des centres. Leur section est cylindrique, d'une construction préférable aux chapes en fer méplat, mais n'offrant pas, comme paraît le penser le constructeur, plus de résistance à la compression, attendu que, dans ces dernières chapes, l'effort est transmis alors par l'intermédiaire des entretoises en fonte. Enfin, de chaque côté des tourillons du balancier, les pièces mouvantes soumises à la gravité ont été calculées de manière à se faire équilibre, afin d'obtenir la rondeur du mouvement à laquelle contribue puissamment la disposition à angle droit des deux manivelles et un volant de 6^m,00 de diamètre, pesant 6000 kilogr. à la jante. L'aspect de cette machine est moins agréable à l'œil que celui des machines que nous avons déjà examinées. La construction paraît laisser beaucoup à désirer, car les pièces fondues n'accusent pas une grande perfection.

Cette machine ne marche pas et son exposition est peu surveillée. La consommation indiquée, par force de cheval et par heure, est de $1^k,5$.

MACHINES HORIZONTALES.

Comme nous l'avons dit, ces machines figurent en grand nombre, présentant une grande variété dans les types de construction. En dehors de la machine Farcot, à laquelle le Jury a accordé le grand prix, les machines les plus remarquables sont encore nombreuses : nous allons en dire quelques mots dans la mesure des documents que nous avons pu recueillir.

MACHINES DE M. FARCOT. — Les machines de M. Farcot et ses fils, exposées en divers points du Palais, sont remarquables tout d'abord par une construction soignée, étudiée, visant un peu à l'élégance et ayant un cachet tout particulier. L'intérêt principal de ce type se résume particulièrement dans le système de distribution généralement connu sous le nom de détente Farcot, permettant les plus petites introductions, et dans l'application directe à la détente d'un régulateur à bras et à bielles croisées, du même constructeur. Ce dernier organe a été expérimenté, décrit et discuté, d'une manière aussi brève que lucide par M. Tresca, sous-directeur du Conservatoire impérial des arts et métiers, et il serait appliqué actuellement à plus de 350 moteurs. Nous l'avons vu également à une locomobile de 16 chevaux, à condensation, avec chaudière à foyer et faisceau tubulaire mobiles, exposée par le même constructeur et activant deux ventilateurs, système Perrigault, pour la ventilation du Palais.

MACHINE DE M. CORLISS (AMÉRIQUE). — Tous nos camarades, qui ont visité l'Exposition, se sont arrêtés certainement devant cette machine qui paraît toute dorée et argentée, entretenue avec un soin extrême, et marchant avec une régularité parfaite.

Sa particularité la plus remarquable est dans sa distribution, et surtout dans le mode d'action du régulateur sur cette même distribution. Celle-ci s'effectue par deux robinets, agissant séparément, chacun pour un seul côté du cylindre, duquel ils ne sont séparés que par l'épaisseur de la paroi, ce qui réduit au minimum possible la longueur des conduits. Chacun d'eux est manœuvré par une bielle attachée à un piston soumis à la fois, à la pression atmosphérique et à l'action d'une lame de ressort. L'action atmosphérique est modérée par une vis de régulation sur une entrée d'air, de manière à établir dans le petit cylindre, où se meut le piston, un vide relatif plus ou moins grand.

La barre d'attache de ce petit piston au ressort, porte une large encoche plate de 2 millim'. environ, où vient s'engager la dent d'un levier, dont l'extrémité opposée se relève légèrement en s'arrondissant, de manière à venir toucher, quand le déclanchement doit avoir lieu, un couteau tournant autour d'un axe, dont le levier est mis en communication avec le régulateur ; ce qui arrive ou plus tôt ou plus tard, suivant l'altitude de ce couteau, dérivant de la variation momentanée de la vitesse de la machine et dont la position peut aussi être changée à la main, à l'aide de vis de serrage.

Un balancier arqué, sur lequel s'applique la lame du ressort, ramène le levier, pour l'embrayer, et remettre la tige à sa position primitive.

Les robinets inférieurs d'échappement sont semblables, également rapprochés du cylindre, et agissant séparément chacun pour un côté. Ils sont actionnés par un plateau à manivelle, recevant un mouvement d'oscillation d'une barre d'excentrique, à débrayage, et le transmettant, par une petite bielle, au balancier arqué qui commande la distribution supérieure, et dont le centre de rotation est à $0^m,10$ à peine au-dessus du sol.

Les points d'attache des bielles sur la circonférence du plateau, ont été choisis pour que leurs vitesses angulaires soient les plus grandes possible quand les robinets doivent ouvrir ou intercepter, et nous avons trouvé à cette partie de la distribution une grande analogie avec celle d'Allen, également intéressante et dont nous parlerons bientôt.

Par la disposition adoptée, le régulateur n'a qu'un faible effort à vaincre, celui de débrayer le levier en le faisant basculer de quelques millimètres ; la variabilité du frottement, dans le serrage des garnitures, n'est plus à considérer au même point de vue que si le régulateur agissait directement par un levier sur l'axe, comme pour une valve à papillon, ou comme une camme de détente. Les résistances des robinets, des presse-étoupes et du petit piston à air, sont vaincues directement par la machine même, et leur influence ne peut se manifester que par un changement d'effort insensible au point d'encliquetage.

Le bâti de cette machine est d'une construction particulière, il a la forme d'un longeron s'appuyant à la fois sur le massif, par le palier du volant et les deux supports du cylindre auquel il est fixé par une bride ; dans le parcours du glisseur, il est dévié et il porte des nervures en berceau, venues de fonte et portant des dressages pour servir de glissières.

Le glisseur, par suite du mouvement de la machine, porte constamment sur la glissière inférieure. Les bielles de transmission aux robinets sont à section cylindrique avec chapes, et clavettes de rattrapage de chaque côté. Le prix de cette machine, à Paris, est de 10,000 francs. On nous a dit qu'en marche normale, à 60 tours, elle développait 30 chevaux. Le diamètre du piston est de

$0^m,305$ (12 pouces) et sa course $0^m,762$ (30 pouces). En vérifiant ces données par la formule usuelle

$$T = 10000 \, PV \left[1 + log \, hyp \, \frac{V_1}{V} - \frac{P^l}{P_1} \right],$$

en supposant une détente de 1/2, on trouve pour T 36 chevaux théoriques. Il faudrait donc compter sur un rendement de 85 p. 0/0 pour obtenir 30 chevaux sur l'arbre du volant, ce qui n'est pas admissible. Un tel travail correspondrait tout au plus à une machine dans les mêmes conditions, mais à condensation, et avec un coefficient de rendement de 60 p. 0/0.

La consommation indiquée pour les moteurs Corliss, par force de cheval et par heure est de $0^k,75$ de houille, ce qu'il serait d'autant plus nécessaire de confirmer, que ce résultat n'a pas encore été promis par aucune machine à vapeur.

Il est bien entendu que nous ne parlons pas de la machine exposée qui marche à échappement libre et dans des conditions économiques peu avantageuses ; n'ayant pas d'enveloppe de vapeur au cylindre, ce qui ne nous paraît pouvoir être justifié par aucune considération.

Il paraît que dans ce moteur, non construit en vue de l'Exposition, on se serait attaché particulièrement à faire ressortir l'avantage de la distribution qui est en effet le caractère principal de la machine.

Nous résumerons ainsi les avantages que nous avons cru reconnaître à cette machine :

1° Action directe du régulateur sur la distribution, n'ayant à vaincre qu'un effort sensiblement constant et faible ;

2° Fermeture la plus rapide possible des orifices d'introduction, par l'action combinée d'un ressort et de la pression atmosphérique ;

3° Disposition des leviers de commande pour produire la course la plus rapide possible pour l'ouverture des lumières d'introduction et d'échappement ;

4° Réduction des espaces nuisibles à leur plus simple expression par le rapprochement des robinets contre la paroi du cylindre ;

5° Évacuation rapide par la partie inférieure du cylindre dans lequel l'eau condensée, ni aucun corps fixe, ne peuvent séjourner au-delà d'une excursion du piston. Par contre, nous croyons qu'au point d'appui de l'encliquetage, dont la section est faible, il peut y avoir une usure assez rapide malgré la trempe des pièces. La distribution est bien combinée, d'une exécution soignée et nous croyons à ses bons résultats ; mais elle nous paraît relativement coûteuse et, de plus, compliquée par le nombre des organes en mouvement qui peuvent plus facilement donner lieu à un dérangement éventuel.

M. Farcot a paru un instant vouloir acquérir le privilége de construire cette machine, mais il y aurait renoncé, et M. Corliss, que nous sachions, n'a traité avec aucun constructeur français. Il est d'ailleurs peu probable que cette machine puisse se généraliser en France, par suite de l'extrème perfection que l'on atteint dans la machine à tiroirs.

Les constructeurs étrangers qui ont acquis ce privilége sont :

M. Vandenkerchove, à Gand (Belgique).

M. B. Andrale, directeur de la compagnie de navigation à vapeur (Magdebourg).

M. A. Mestern, directeur des ateliers Wilhelms-Stütté, à Sprotau (Silésie).

MACHINE HORIZONTALE CONJUGUÉE DE MM. HOUGET ET TESTON (BELGIQUE). — Cette machine est à condensation, à détente variable par le régulateur, produisant une force normale de 50 chevaux à 70 tours.

Le diamètre des cylindres est de $0^m,360$; la course des pistons de $0^m,500$.

Les tiroirs sont commandés par une petite manivelle a fixée à l'engrenage E qui reçoit son mouvement de l'arbre de couche pour le transmettre, à l'aide des engrenages coniques ee', au régulateur Porter R. Celui-ci agit sur une camme de détente du système Farcot, contre laquelle viennent buter les glissières d'entraînement. Il peut agir aussi sur une soupape équilibrée à double siége S, située dans une cloison qui sépare les boîtes à tiroirs.

Les cylindres sont fondus d'une seule pièce avec leur double enveloppe et un réchauffeur d'eau alimentaire, traversé par la vapeur d'eau d'échappement. Le condenseur c, fondu avec les pompes à air latérales PP', est situé immédiatement sous les cylindres qui s'y appuient. Chacune des pompes alimentaires de 0,046 de diamètre et 0,50 de course, est située dans l'axe de la pompe à air correspondante et participe de son mouvement qui lui est donné par un balancier A et une bielle B, attachée à l'extrémité extérieure de la traverse du glisseur.

Les pompes à air, de même course que les pompes alimentaires, ont un diamètre de $0^m,170$ et travaillent à double effet. La réunion de tous les organes principaux, offre un ensemble compact, accessible dans toutes ses parties et n'occupant qu'un espace de $4^m,500$ de longueur sur $2^m,900$ de largeur et $2^m,00$ de haut.

L'injection dans le condenseur a lieu par deux tuyaux dont l'un est mobile et tourne à frottement doux dans l'autre servant de boisseau fixé, à la manière d'un robinet. Deux rainures longitudinales sont pratiquées dans ces tuyaux et leur ouverture est réglée par un volant M. Cette disposition permet de déverser l'eau froide en une nappe très-mince.

Nous avons remarqué que cette condensation s'est effectuée imparfaitement pendant un certain temps, par suite d'un phénomène resté, quelque temps inconnu, et que les constructeurs expliquent par le transport, à l'état de mélange, d'une certaine quantité d'air au condenseur, inconvénient auquel on aurait remédié en mettant des tubes de dégagement sur la conduite d'amenée. Des observations sérieuses ayant été faites pour constater qu'il n'y avait pas de rentrées d'air au condenseur, cette explication nous paraît naturelle. Il est à remarquer cependant que les machines qui prenaient l'eau sur la même conduite aurait dû éprouver la même perturbation. Si donc, le condenseur ne prenait pas de l'air extérieur, il devait recevoir un excès de vapeur pour sa capacité et l'afflux de l'eau froide, soit par suite d'un excès de consommation de vapeur, soit par suite d'une fuite directe de vapeur au condenseur sans avoir passé par le cylindre. C'est la seule explication qui nous paraisse probable, à moins d'accuser le fonctionnement de la pompe à air, ou d'admettre que la conduite était spéciale pour cette machine.

L'eau de condensation, recueillie dans un creux de la boîte à tiroir, est écoulée dans le réchauffeur à l'aide d'une petite soupape manœuvrée par le volant V. MM. Houget et Teston ont supprimé, croyons-nous, le graissage des cylindres, et l'expérience aurait montré qu'on peut le faire sans danger, les matières lubrifiantes étant presque immédiatement expulsées des cylindres. Mais si le graissage est maintenu pour les tiroirs, l'écoulement de ces eaux grasses, dans les eaux destinées à l'alimentation, peut, dans certains cas, être un inconvénient. On sait, en effet, qu'à la suite d'observations récentes, on a constaté que les eaux grasses, mêlées à certaines eaux d'alimentation, peuvent contribuer à la destruction des chaudières par la formation d'un sel gras calcaire, qui a la propriété de ne pas se laisser mouiller par l'eau.

MM. Houget et Teston, nous ont, en outre, transmis le dessin de leur type demi-fixe, qui consiste en une machine pareille à celle dont nous venons de parler, mais posée sur une chaudière dite multi-tubulaire, semblable à celle qu'ils ont exposée. Pour une force de 50 chevaux, l'emplacement occupé par une telle machine est de $8^m,00$ de longueur sur $3^m,00$ de large. La consommation en charbon, pour ce genre de moteur sans condensation, ne serait pas supérieure à 2 kilogr. par force de cheval et par heure, d'après des expériences faites au frein. Néanmoins, bien que cette disposition offre de l'économie au point de vue du combustible, elle peut offrir quelques inconvénients par suite de l'échauffement et de l'usure des pièces, situées au-dessus de la chaudière.

Nous joignons ces dessins à notre exposé, ce qui nous permettra de signaler et de décrire l'appareil alimentaire automatique de M. Roufossé, que MM. Houget et Teston ont adopté pour leurs chaudières.

L'eau d'alimentation accumulée par les pompes dans un réservoir supérieur, entre dans le récipient B par le conduit c, à travers la soupape k, dont l'ouverture est réglée par un bouchon à vis portant un arrêt. Le flotteur D', au fur et à mesure que l'eau monte dans le récipien-B, glisse le long de la tringle E''', jusqu'à ce qu'il rencontre le levier E'' qu'il remonte, de manière à ce que son arrêt T délivre le talon I du levier E. Le flotteur D n'étant plus retenu, remonte rapidement soulevant le levier E, dont le talon I s'enclanche dans le taquet n. Le levier R, entraîné par E, oscille en o', ferme le clapet k et la petite soupape à air p et ouvre la soupape à vapeur L. L'arrivée

de l'eau alimentaire est interceptée, et le récipient B, étant
en communication avec la chaudière, l'eau s'y écoule par
les soupapes M o. Cette dernière est gouvernée par un
flotteur P qui ne permet l'introduction de l'eau dans la
chaudière qu'au fur et à mesure de ses besoins.

Lorsque le niveau est revenu à la partie inférieure, le
flotteur D vient s'appuyer sur l'écrou S, et la tige E, tirant
sur le levier l, celui-ci dégage le piston I en repoussant
le taquet n. Le contre-poids D, mis en liberté, retombe,
entraînant le levier E ; ce qui a pour effet de fermer la
soupape à vapeur L, en ouvrant la soupape k, et de re-
commencer une nouvelle période d'alimentation.

Cet appareil qui a pour but d'alimenter la chaudière
d'une manière régulière, sûre et automatique, offre de
plus l'avantage de pouvoir mesurer exactement la quantité
d'eau consommée, par la position invariable des niveaux
inférieur et supérieur. Et c'est à ce point de vue que son
étude peut entrer dans celle des moteurs, dont le rendement doit être invariablement lié à ceux des générateurs
qui les alimentent, et sur lesquels les constructeurs, pour
s'éclairer, devraient faire des expériences incessantes,
afin de prêter à la théorie le concours de l'observation
pratique, qui est l'élément le plus essentiel.

En effet, l'indication indéterminée en force nominale,
le prix et la consommation par force de cheval, sont des
points importants qui, pour être plus précis, auraient
besoin d'être ramenés à des rendements, à des prix, et à
des consommations se rapportant à un effort disponible
sur l'arbre moteur, déterminé par des expériences au
frein, et complétées autant par des expériences à la chaudière que par l'indicateur. De la sorte, l'acheteur serait
éclairé et ne serait pas guidé par l'attribution seule des
médailles aux Expositions, insuffisante pour fixer le choix
d'un moteur.

Nous pensons donc que toute chaudière devrait être munie d'un appareil comme celui que nous venons de décrire, accompagné de son compteur, afin de pouvoir mesurer à la fois l'eau et le combustible.

Remarquons toutefois qu'un alimentateur-automatique endort la vigilance du chauffeur, et tout appareil préposé, en quelque sorte, à la garde d'une chaudière, a besoin d'une surveillance attentive.

Une certaine quantité d'eau, se trouvant en contact avec la vapeur, il y a précipitation d'une quantité faible de matière fixe, et ce qui serait un faible avantage pour la chaudière, peut être un grand inconvénient pour le fonctionnement de l'appareil, si des précautions n'étaient prises contre ces dépôts.

MACHINE HORIZONTALE DE MM. LEGAVRIAN ET FILS. — Cette machine, d'une très-bonne exécution, a une apparence de rigidité et de solidité remarquables. Elle est à un seul cylindre, mais toutes les dispositions sont prises pour lui adjoindre une deuxième machine semblable. Le volant est calculé en conséquence et l'arbre moteur en fer forgé est à deux coudes à angles droits. C'est le type généralement adopté par la maison Legavrian et fils qui a le plus contribué à généraliser les machines horizontales dans les manufactures, où l'on préférait les machines à balancier.

MM. Legavrian et fils, qui obtinrent un grand prix de 10,000 fr., en 1849, de la Société d'Encouragement, leurs machines ne consommant alors que $1^k,250$ par force de cheval et par heure, assurent avoir réalisé de nouveaux progrès et réduit cette consommation à un kilogramme par heure et par force de cheval de 75 kilogrammètres, la chaudière employant économiquement le combustible.

Cette grande économie ne peut être évidemment obtenue que par une bonne distribution, une détente très-prolongée et une condensation parfaite.

Ces constructeurs ont étudié leur type à ces divers points de vue. La distribution s'effectue par un tiroir à course réduite, glissant sur une glace en acier rapportée sur la table du cylindre et actionné par un excentrique circulaire. Il admet ou laisse évacuer la vapeur pendant la course entière du piston, et l'interception a lieu par deux glissières venant buter contre une camme centrale de détente. C'est le système Farcot, reconnu le meilleur pour obtenir les plus faibles introductions.

Par cette disposition, on peut, quand la machine a été arrêtée et la camme tournée de manière à ne plus rencontrer les glissières, remettre plus facilement la machine en marche, la vapeur agissant à pleine pression.

Le régulateur est un simple pendule conique de Watt, avec des boules très-lourdes, marchant vite et ayant une grande sensibilité.

Il n'agit pas sur la camme de détente, mais sur une valve-papillon du système Dugdale E, choisie comme offrant moins de résistance et donnant des ouvertures plus grandes pour une même variation du manchon. Celui-ci est chargé d'un levier L à contre-poids mobile p dans le but d'en modérer les variations trop brusques et les soubressauts qui pourraient résulter de la grande vitesse des boules.

Les espaces morts ont été diminués le plus possible, par le rapprochement de la boîte de distribution vers l'axe du cylindre et par le renflement des fonds qui viennent remplir exactement les cavités du piston. Celui-ci est en fer forgé évidé garni de trois rangs de segments suédois en fonte douce, et fixé par un fort écrou à la tige en acier. Le cylindre à double enveloppe est en fonte très-dure, ce qui, joint à la légèreté relative du piston et à la qualité des segments, permet de supprimer le prolongement de la tige de l'autre côté du piston, comme le font encore quelques constructeurs, et, entre autres, M. Boyer, de Lille. Grâce à ces dispositions, MM. Legavrian affirment que leurs machines ont pu marcher 10 ans, d'une manière continue, sans offrir aucun indice sensible d'usure ou d'ovalisation.

Les constructeurs accusent un vide de $0^m,70$ et même $0^m,73$ au condenseur; c'est un maximum trop difficile à atteindre pour qu'on puisse y attacher assez de confiance. Généralement, on ne compte pas sur moins de $1/10^e$ d'atmosphère pour la pression au condenseur; il y a lieu de croire cependant qu'ils réalisent une très-bonne condensation pour qu'ils puissent réduire l'introduction à $1/20^e$ de la course, la pression initiale étant de 6 atmosphères.

La disposition du condenseur est simple; il est séparé de la pompe à air et la diffusion de l'eau dans la chambre de vapeur a lieu par l'injection d'un simple tube t situé au milieu du tuyau central **T**. Celui-ci a deux tubulures latérales dont une supérieure amène la vapeur; la deuxième communique à une puissante pompe à air horizontale à double effet, avec piston, dont les segments suédois sont en bronze.

Toutes les pièces du mécanisme sont soignées. La bielle en fer forgé est méplate, beaucoup plus haute que large, pour offrir plus de résistance à la flexion verticale, par suite du poids même de la bielle et du renversement de mouvement.

Une section en fer à double T, comme nous l'avons remarquée à une locomotive allemande (Krauss), serait préférable et beaucoup de constructeurs emploient la simple bielle ronde, renflée au milieu. La bielle méplate est sujette à ne pas offrir autant de rigidité lorsqu'elle travaille à la compression

Les têtes sont fermées avec clavettes de serrage à double écrou. L'arbre de couche manivelle et la crosse sont également en fer forgé et toutes les autres pièces sont aciérées et trempées.

Toutes les portées sont très-longues, et le coussinet de l'arbre moteur est en quatre pièces excentrées permettant le serrage latéral, lorsqu'on a limé légèrement leurs faces de joint AB, de manière à les faire entrer concentriquement sur la gorge de l'arbre.

La force de cette machine, à 6 atmosphères, à grande détente et à 32 tours, est de 100 chevaux de 75 kilogrammètres disponibles sur l'arbre moteur, ou 60 chevaux nominaux, bien que nous employions à regret cette dénomination, qui n'a pas, à notre avis, un sens suffisamment déterminé. Les deux machines conjuguées de 0^m,800 de diamètre et 1^m,400 de course, transporteraient donc sur l'arbre moteur 200 chevaux de 75 kilogrammètres.

Cette machine est portée par un bâti en fonte très-robuste et coulé d'une seule pièce. La disposition générale est telle que tous les organes sont facilement accessibles en marche, susceptibles d'être visités sans aucun embarras et à la portée du mécanicien. Son prix est de 35,000 fr. avec un seul cylindre, et 60,000 fr. pour la machine conjuguée.

MACHINE DE M. DUVERGIER, DE LYON. — Cette machine, une des premières qui ait paru à l'Exposition, où elle était appelée à donner la force motrice aux divers appareils des classes 50-51, a rencontré des jugements divers. Le cachet tout nouveau de la construction, la hardiesse des transformations, ont quelque peu surpris les gens spéciaux qui l'ont examinée.

Le cylindre, portant une boîte à vapeur dans toute sa longueur, est attaché par sa bride antérieure au bâti, dont la longueur se trouve ainsi diminuée de toute celle du cylindre, situé en porte-à-faux, et supporté simplement par une béquille à son autre extrémité. Cette disposition, qui avait excité quelques critiques, a été justifiée par une note du constructeur qui s'est attaché à démontrer la solidité de l'attache et l'inutilité d'un support plus solide, en vue du seul poids du cylindre, l'effort de la machine se transmettant suivant l'axe et n'ayant aucune influence sur le porte-à-faux. Une machine semblable, établie dans les forges de M. Verdié, à Firminy, et dont le cylindre est encore plus grand, confirmerait, par une bonne marche de cinq années, les résultats fournis par le calcul. Et, en effet, nous pensons qu'il ne saurait rien arriver de ce fait à la machine, d'autant plus que cette disposition est adoptée par quelques constructeurs qui n'y ont jamais trouvé d'inconvénient. Nous citerons, par exemple, MM. Withworth et Cⁱᵉ, constructeurs de la machine d'Allen dont nous donnons plus loin la description.

Quant aux autres conditions principales, le constructeur paraît y avoir satisfait par une étude approfondie et une comparaison rationnelle. S'étant tout d'abord attaché à réunir rigidement le palier de l'arbre qui transmet l'effort au cylindre où cet effort se produit, il a élevé le bâti de ce côté jusqu'à la hauteur de l'axe. La distribution a lieu par un tiroir manœuvré par un excentrique et ayant presque toute la longueur du cylindre, de manière que les orifices d'introduction pratiqués à ses extrémités se trouvent correspondre immédiatement avec les lumières du cylindre, dont elles ne sont séparées que par l'épaisseur de la paroi. Cette disposition est avantageuse en ce sens qu'elle réduit au minimun la longueur habituelle des conduits, ayant généralement leur origine vers le milieu du cylindre, et les espaces nuisibles ont une influence assez marquée sur la marche économique d'une machine, pour que l'on ne doive s'attacher à les diminuer le plus possible. Les tiroirs portent en partie sur un dressage inférieur où est l'orifice d'échappement et ne sont pas équilibrés : nous avons remarqué que le frottement du coulisseau dans l'arc de détente était assez grand pour faire osciller le régulateur de plusieurs centimètres, à chaque révolution de la machine ; le coulisseau glissait, pendant l'instant très-court où le mouvement inverse de l'excentrique transportait le frottement d'une joue sur l'autre.

Parmi les tiroirs destinés à faire varier la quantité de vapeur introduite dans le cylindre, M. Duvergier a écarté, non sans raison, les glissières par entraînement, comme ne présentant pas assez de garanties de bon fonctionnement dans l'application, et il a donné la préférence aux tiroirs commandés, à longueur fixe et à course variable, par le régulateur.

Ce système de détente a été remarqué, et nous lui avons trouvé une certaine analogie avec celui de la machine déjà citée, d'Allen, au moins en ce qui se rapporte à la position des points d'attache des bielles, et au mode d'action du régulateur sur le coulisseau de détente.

Par ce moyen, on peut faire varier l'admission depuis 0 jusqu'à 0^m,75 de la course, suivant la position du coulisseau, correspondant aux efforts transmis par l'arbre de couche.

Jusqu'à 0^m,45 de la course, l'admission serait sensiblement égale des deux côtés du piston ; au-delà, il y aurait une certaine prépondérance d'un côté à l'autre.

Pour écouler l'eau de condensation qui peut se former dans le cylindre ou y être entraînée, les orifices ont été placés un peu en contre-bas de la génératrice inférieure, se continuant en pente jusqu'au condenseur situé immédiatement au-dessous. L'injection a lieu suivant un cône renversé, dans lequel la vapeur vient se condenser en se dirigeant vers la pompe à air.

M. Duvergier indique une force nominale de 30 chevaux. Cette dénomination nous embarrasse, surtout au point de vue de la consommation, et nous croyons que ces chevaux nominaux sont des chevaux effectifs de 75 kilog^m sur l'arbre moteur ; d'ailleurs, le piston a 0^m,500 de diamètre et 1 mètre de course, et la machine fait 40 tours ; la pression initiale de la vapeur dans le cylindre est de 6 kilog. par centimètre carré, et l'admission normale est de 0^m,07 de la course. Le calcul donne pour le travail théorique développé sur les pistons, 50 chevaux, soit 30 chevaux effectifs en admettant un coefficient de 60 p. 0/0. Or, au degré d'introduction indiqué $\left(\dfrac{1}{14,5}\right)$, le volume initial introduit dans le cylindre, par heure, est sensiblement de 66 mètres cubes ou 201 kilog., soit 6^k,700 par cheval.

Les chaudières de M. Chevalier, de Lyon, qui alimentent cette machine, produisent 8 kilog. de vapeur par kilog. de houille brûlée. La consommation en charbon serait donc de $\dfrac{6^k,700}{8} = 0^k,837$, soit 0^k,920, en comptant 10 p. 0/0 de perte, résultat que nous voudrions voir confirmer par la pratique, et qui n'a pas encore été atteint par les meilleures machines à condensation.

MACHINE DE LA COMPAGNIE DE FIVES-LILLE. — Cette machine, une des plus remarquables de l'Exposition, est d'une exécution parfaite, offrant toutes les garanties possibles de solidité et de bon fonctionnement ; elle est à détente variable, avec ou sans condensation. Le diamètre du piston est de 0^m,500, sa course est de 1 mètre. A la vitesse normale de 35 tours par minute, avec une introduction de 1/10ᵉ et une pression initiale sur le piston de 6 kilog. par centimètre carré, la force de la machine est de 25 chevaux.

Pour une introduction plus grande, la force de la machine peut naturellement être augmentée, mais on sait qu'alors les conditions d'économie ne sont plus les mêmes. Ce type, d'une création récente, est déjà avantageusement connu dans l'industrie. Une machine semblable, mais beaucoup plus forte ($0^m,750$ sur $1^m,500$) et conjuguée, fonctionne dans l'usine de M. Dubrulle, et nous croyons savoir que c'est à la grande satisfaction de son propriétaire. Les vues d'ensemble que nous joignons à notre exposé indiquent suffisamment les dispositions générales ; nous allons essayer de faire ressortir les particularités que nous avons remarquées.

Le mode de distribution adopté est celui de deux excentriques circulaires $a\,a'$, commandant chacun un tiroir à course fixe : la longueur du tiroir supérieur est variable à la main, suivant le système Mayer. Le régulateur, dont l'arcade est immédiatement à cheval sur l'arbre de couche, participe intégralement du mouvement de ce dernier au moyen de deux engrenages coniques $b\,b'$. Il est équilibré par un contre-poids à moment variable, suivant les indications de M. L. Foucault, et n'agit pas directement sur la détente, mais sur une valve-papillon (pl. 22, fig. 2) d'une disposition particulière : les brimbales cc supportées en leur milieu par le levier articulé d transmettent le mouvement du manchon au levier e. Celui-ci est calé sur l'axe en fer forgé qui porte la valve, tournant à frottement doux dans les parties exactement alésées ff ; la pièce en bronze f se termine par un siége conique rodé, où vient porter la soupape : la pression de la soupape sur le siége est augmentée par la tension d'un ressort à boudin g. Par cette disposition, on a évité la garniture ordinaire, dont le frottement est plus grand et toujours variable, et le régulateur n'aura à vaincre qu'une résistance moindre, et, dans tous les cas, constante.

Le cylindre est à double enveloppe, et la vapeur enveloppe aussi, sans communication apparente, les deux fonds, de sorte que le cylindre proprement dit est entouré de vapeur de toutes parts, comme s'il était placé dans la chaudière.

La glace du tiroir de distribution est en damier évidé, pour équilibrer le tiroir en partie. Elle a été rapprochée le plus possible de l'axe du cylindre, pour la réduction des espaces nuisibles, bien que la largeur du palier derrière lequel sont les excentriques, n'ait pas permis un rapprochement suffisant qui eut nécessité une complication de renvois. D'ailleurs, l'espace mort est relativement faible, et nous l'avons trouvé égal, tout au plus, à 3 p. 0/0 du volume total.

La détente Mayer, variable à la main, a été préférée à une distribution régularisée par le régulateur, comme offrant plus de sûreté contre les dérangements, et l'on a évité, dans ce but, des complications dans la boîte de distribution.

La prise de vapeur a lieu par un tiroir à deux orifices, manœuvré par un volant V, dont l'axe fileté s'engage dans une douille en bronze fixée au sommet du support en fonte S. Un tiroir supplémentaire transversal est disposé spécialement pour réchauffer toutes les parois du cylindre, sans faire tourner la machine et pour pouvoir mettre en marche dans toutes les positions de la manivelle, sauf aux points morts : il est manœuvré à l'aide d'un levier a glissant à encliquetage sur un secteur i.

La variation dans la longueur des tiroirs de détente est

obtenue par le volant V' et son indication est donnée par une coulisse graduée.

Une disposition particulière est prise pour marcher à échappement libre, au cas où la condensation viendrait à faire défaut par manque d'eau, ou pour cause de réparation. Il suffit, pour cela, de fermer la valve k située dans le conduit d'amenée au condenseur, à l'aide d'un levier m glissant sur un secteur contre lequel on le fixe à l'aide d'un écrou à manette n, après toutefois l'ouverture à l'air libre, par le volant supérieur P. Remarquons qu'une réparation à la pompe à air, suppose le débrayage du balancier et l'arrêt momentané de la pompe alimentaire.

La fermeture de l'échappement libre est obtenue par une soupape rodée, sur laquelle un robinet r permet de faire un joint hydraulique, afin d'empêcher les rentrées d'air au condenseur.

Un volant q, placé sur un support, élevé à la hauteur de la main, permet de régler l'injection de l'eau froide dont la dispersion a lieu par une nappe conique, renversée en entonnoir, que la vapeur est obligée de traverser.

La pompe à air est séparée du condenseur auquel elle ne tient que par un large tuyau d'amenée A, ce qui rend la visite plus facile. Elle est fixée sur le même bâti que la pompe alimentaire, située sur le même axe, et participant du mouvement qui lui est transmis par le balancier B attaché à la traverse de la tige par deux bielles CC'.

La bielle motrice est en fer forgé à section cylindrique, ayant $0^m,120$ de diamètre au milieu. Elle s'articule sur la traverse du glisseur, par une fourche de forme parabolique et la tête opposée est fermée par un étrier maintenu par une clavette. La manivelle est en fer forgé ainsi que l'arbre de couche, et le palier du bâti est d'une disposition particulière différant sensiblement de celle adoptée par MM. Legavrian et fils (pl. 22, fig. 2) et dont nous donnons le croquis sans y joindre une explication que nous croyons inutile.

La disposition des paliers en général varie avec la force des machines, leur installation et le poids de leurs volants. Nous verrons bientôt une disposition différente sur une machine anglaise où le jeu produit par la poussée de la bielle est rattrapé par un serrage latéral.

Comme considérations générales, nous ajouterons que tous les écrous sont trempés ainsi que les autres pièces en fer, dont la forme choisie a été celle qui se prêtait le mieux à un bon entretien et à un travail facile ; les colliers d'excentriques sont munis de graisseurs d'un système particulier, empêchant les projections d'huile en marche, et ils sont forgés d'un seul morceau avec les barres DD'. L'étude rationnelle des formes au point de vue des résistances et des facilités de travail de la pièce, est de la plus haute importance, se traduisant tout d'abord par une notable économie de poids et de main-d'œuvre. L'exécution des divers organes, est irréprochable, poussée peut-être à une extrême limite, bien qu'il soit vrai de dire qu'une machine n'est jamais trop bien faite ; l'impression que nous a laissée l'examen de cette machine, nous la ferait considérer comme un des bons modèles à suivre, autant pour l'aspect et la proportionnalité des formes que pour son installation et sa parfaite exécution.

Machine de M. Fossey (Espagne). — La distribution de cette machine est, comme la précédente, du système Mayer ; mais le régulateur agit sur les tiroirs de détente par suite d'une disposition compliquée mais ingénieuse.

Le mouvement étant donné au régulateur, les variations du manchon sont transmises par le levier K aux pignons du système Minotto, montés sur les axes Hi. Ces pignons qui reçoivent leur mouvement de l'arbre du régulateur, par la chaînette G, le pignon G et les engrenages

E E, tournent en sens inverse, de sorte que suivant que c'est l'un ou l'autre qui engrène avec le pignon Minotto, inférieur, celui-ci tourne dans un sens ou dans l'autre, transmettant son mouvement par une chainette O, au pignon r'. La vis, sur l'axe de laquelle est monté le pignon r', fait tourner la roue u et agit par là sur la détente. La hauteur de l'arbre F est réglée par des clavettes x, et les vis de serrage y ; l'introduction peut varier de 1/10 à la totalité de la course. Lorsqu'on veut agir sur la détente à la main, par le volant R, on débraye en S en faisant courir l'axe T, un index i indique les variations de la détente. Il manque à cet appareil, pour être complet, un embrayage automatique fonctionnant lorsque les tiroirs de détente arrivent à leur limite d'écartement, afin d'éviter une rupture accidentelle ; mais en présence de la multiplicité des organes et des frottements considérables que le régulateur aurait à vaincre, on comprend que des constructeurs habiles préfèrent la détente à la main comme étant plus sûre et, dans tous les cas, beaucoup plus simple.

La pompe à air de cette machine est également particulière, elle est à double effet, située par côté un peu au-dessus du sol, et fondue avec la caisse du condenseur.

Deux couvercles hémisphériques cc (fig. 1) couvrent simplement deux ouvertures situées au-dessus des deux chambres de condensation.

L'eau d'injection arrive, par la partie supérieure, sous une chapelle demi-cylindrique, à travers un tube perforé qui la rejette en pluie sur la vapeur venant du cylindre, lequel est à simple enveloppe.

Les clapets de refoulement et leurs sièges sont montés sur une tige assujétie par une vis de serrage et une crosse mobile c, de sorte que l'on peut visiter ou enlever ces clapets avec la plus grande facilité.

Cette machine, d'une force de 15 chevaux, à 60 tours, serait du prix de 12,000 francs environ.

Machines horizontales, système Woolf. — Parmi les machines de ce système, nous mentionnerons plus particulièrement celle de M. Schmid, de Vienne, et celle de M. Vandenkerchove, de Gand, offrant deux types assez dissemblables, bien que dans toutes les deux, la marche des pistons soit inverse, comme dans celle de MM. Carett, Marschall et Cie, de Leeds.

La machine de M. H. Schmid, dont nous donnons les vues d'ensemble (pl. 1 et 2) et quelques coupes (pl. 3), est d'une très-bonne disposition.

La plupart des pièces sont en acier fondu, ce qui est avantageux, autant au point de vue des efforts à transmettre, qu'à celui des coefficients de frottement. Ces pièces sont à la fois légères et solides.

La disposition des tiroirs, pour la distribution au petit cylindre, est du système Mayer, avec variation des tiroirs de détente à la main, à l'aide du volant à coulisse A. Le régulateur n'agit pas sur la détente, mais sur une valve-papillon ordinaire.

M. Schmid, de même que M. Farcot, a croisé les bras des boules, afin de faire parcourir à celles-ci un arc, se confondant sensiblement avec la courbe parabolique, que l'on sait qu'elles devraient parcourir, pour que la hauteur du pendule fut constante et l'isochronisme parfait. Mais les bielles inférieures ne sont pas croisées et ne contribuent pas à modifier le poids des boules dans leurs diverses amplitudes, inconvénient corrigé au régulateur Farcot, par un ressort à boudin.

Le mouvement aux tiroirs est donné par trois excentriques $e\ e'\ e''$, dont chacun commande un tiroir spécial. La transmission a lieu par des leviers $l\ l'\ l''$, et des axes en acier $a\ a'\ a''$, dont deux, $a'\ a''$, sont emmanchés l'un

dans l'autre. Ces axes sont supportés par une arcade en
fonte B, fixée au bâti un peu en avant des cylindres : on
voit aisément à la planche 26, leur manière d'agir sur les
tiroirs.

Les cylindres ne sont séparés l'un de l'autre que par
l'épaisseur d'une simple paroi, et les conduits de communication, situés à la partie supérieure, sont les plus
courts possible. Ils sont fondus ensemble d'un seul jet,
sans chemise de vapeur, et leur attache au bâti a lieu
par les boulons bb. Le rapport entre leurs volumes res-
pectifs est de 1 à 3, leur diamètre étant 0^m,548 pour le
grand cylindre, 0^m,342 pour le petit, et la course commune 0^m,842.

La pompe à air à double effet P, est attelée directement à la tige du grand piston, et fondue avec le condenseur. L'eau d'injection, réglée par le petit volant v' et
l'index i, est projetée par une buse perforée de petits
trous, sur la vapeur qui arrive latéralement par le conduit F.

Le bâti du condenseur n'est pas fondu avec le bâti
principal de la machine, auquel il est fixé par des gou-
jons à clavettes, logés dans les bossages gg'. Un volant
M règle la prise d'eau pour la pompe alimentaire : celle-
ci est disposée au-dessus du sol, et à la portée du mécanicien qui peut en régler le mouvement à chaque instant,
en faisant varier la course à l'aide du volant V, qui agit
par une tige filetée sur le coulisseau H.

Comme on peut le voir, par un coup d'œil rapide jeté
sur les plans d'ensemble, la disposition de cette machine
est bonne, en ce sens surtout, que tous les organes sont
au-dessus du sol à la hauteur de la main, sous la vue et la
surveillance directe du conducteur. Elle est de la force de
40 chevaux et du prix de 18,000 francs. La consommation indiquée par force de cheval et par heure est de 1^k,75.

MACHINE HORIZONTALE, SYSTÈME WOOLF, CONSTRUITE PAR M. VANDENKERCHOVE, À GAND. — La machine de M. Vandenkerchove diffère de la précédente, autant par l'aspect de la construction que par la disposition générale et le mode de distribution.

Le condenseur P est à la partie inférieure, complètement séparé de la pompe à air située sous l'arbre de couche dont elle reçoit le mouvement par la manivelle H'. Les deux cylindres sont fondus séparément, et assemblés le plus près possible l'un de l'autre; ils ont chacun une enveloppe de vapeur, contrairement à celle de M. Schmid, et à l'opinion de quelques-uns, qu'il serait préférable de ne pas en mettre au grand cylindre. Le rapport entre leurs volumes est de 1 à 4.

La vapeur, après avoir circulé dans les enveloppes, est admise dans le petit cylindre par les soupapes à doubles siéges équilibrés c^2, commandées par des cammes hélicoïdales i, disposées de manière à faire varier l'admission depuis 1/5 jusqu'à la totalité de la course. Après que la vapeur s'est détendue dans le petit cylindre, les tiroirs cc admettent immédiatement dans le grand, et le passage a lieu directement par un conduit à double voie, de faible longueur.

Ces tiroirs sont deux simples glissières plates, afin de faciliter le rapprochement des cylindres; ils admettent à la fois par deux orifices, ce qui a permis de réduire leur course et le volume de la petite chapelle dans laquelle ils se meuvent. Ils ne sont pas équilibrés, étant conduits par la machine.

La fig. 2, pl. 27, indique la manière dont le mouvement leur est donné. Par suite de ces dispositions, l'ouverture et l'interception des orifices s'opèrent si rapidement, que l'avance à l'introduction est presque nulle, si l'on veut éviter un choc dans le cylindre. Cette même disposition est étendue aux tiroirs d'échappement g, dont les chapelles sont situées à la partie inférieure du grand cylindre, et qui sont percés d'un plus grand nombre d'ouvertures, afin d'obtenir une évacuation rapide pour une course relativement faible.

Nous avons déjà eu occasion de signaler les avantages de cette manière d'évacuer au condenseur, par la partie inférieure des cylindres, ce qui évite en même temps les dangers des coups d'eau.

Le régulateur est un simple pendule conique de Watt, dont l'axe central est foré pour le passage d'une tige attachée au manchon. Cette tige traverse le pivot pour agir sur les brimbales et les leviers $l'l^5$ qui peuvent actionner indifféremment les valves-papillons cc' ou le levier o, qui influencerait alors le manchon des cammes, glissant sur la clavette de l'arbre par une rainure.

La transmission aux divers organes et au régulateur, a lieu par un assez grand nombre d'engrenages coniques, dont l'origine du mouvement est à l'arbre incliné A' et aux engrenages E'E.

Le bâti porte trois paliers devant se trouver sur le même axe, avec le quatrième D, situé en dehors et destiné à supporter l'arbre moteur du côté du volant.

Il est peu facile, en pratique, de réaliser un alignement rigoureux et durable de quatre paliers chargés inégalement et une pareille disposition aurait pour effet de fatiguer l'arbre, l'exposant même à une rupture, si le constructeur n'avait eu le soin de le faire en deux morceaux réunis par un étrier.

Cette machine développe un travail de 70 chevaux de 75 kilog. sur l'arbre moteur, son prix est de 25,000 fr.

Parmi les moteurs à vapeur nouveaux, indiquons, sans nous y arrêter, ceux à rotation directe de M. Thompson, de MM. Pilliner et Hill, etc., et celui plus caractéristique de MM. Hick, publié dans *The Engeener*. Ce dernier moteur a éveillé plus d'une espérance dans l'esprit des nombreux visiteurs émerveillés de sa simplicité, du peu de place qu'il occupe et de son bas prix. Il est seulement à regretter qu'aucune expérience sérieuse n'ait pu confirmer les promesses qu'on a faites.

Nous ignorons si aucun constructeur a acquis le privilège de construire ce curieux moteur, dont la construction un peu défectueuse, pourrait être aisément améliorée, mais dont le principe est un doute pour bien des ingénieurs (1).

Nous arrêterons ici l'étude que nous avons faite d'une partie des moteurs exposés; nombreux, sans doute, sont ceux dont un examen attentif eut révélé des qualités à signaler.

Sans prétendre avoir étudié les moteurs au point de vue de la discussion technique, nous espérons que quelques-unes des indications que nous avons pu recueillir pourront être de quelque utilité, dans une étude d'ensemble de machine à vapeur horizontale.

Quant à la machine verticale à balancier, si on en juge par le petit nombre exposé, on serait porté à croire qu'elle doit être remplacée par le type horizontal, plus solide, plus facile d'installation et d'entretien, et enfin moins coûteux.

On considère depuis longtemps la machine à balancier de Woolf, comme étant la seule qui réunisse les conditions les meilleures pour une marche régulière et économique en combustible. En effet, ce système se prête, mieux que tout autre, aux grandes détentes, dont on a compris les avantages, tout en réduisant au minimum

---

(1) Nous avons appris depuis que MM. Elwell, Warrell et Poulot se sont chargés pour la France de la construction de cette machine.

possible l'écart qu'il y a entre l'action de la vapeur sur les pistons au commencement et à la fin de la course, écart d'autant plus considérable que la détente est prolongée. Dans cette machine, le travail d'une course peut être considéré comme le résultat de deux efforts, dont l'un est constant s'il n'y a pas détente dans le petit cylindre, pendant que l'autre décroît graduellement et dès le commencement de la course, sur le grand piston. L'action combinée de ces deux efforts constitue donc une détente relative dès le commencement de la course et tend à rapprocher l'effort initial de l'effort moyen, et à produire ainsi un mouvement plus régulier. Cet effet est encore augmenté lorsque, au lieu d'admettre la vapeur à pleine pression pendant toute la course du piston, on a soin de faire commencer sa détente dans le petit cylindre, vers un point de la course qui dépend du degré de détente que l'on veut obtenir. Il n'est donc pas étonnant que des manufacturiers préfèrent encore aujourd'hui ce système, en le considérant comme le plus économique de combustible, malgré l'espace nuisible de ses longs conduits croisés, son coût plus élevé, et le plus grand nombre de pièces en mouvement, d'ailleurs, plus naturellement équilibrées.

Cependant, le progrès de la construction mécanique aidée d'une application rationnelle des principes, a bientôt permis d'appliquer les qualités des machines de Woolf aux machines horizontales. En effet, nous avons vu souvent que, dans ces moteurs, les détentes peuvent être reculées aussi loin que dans les machines verticales à deux cylindres, la régularité du mouvement étant assurée par l'action d'un puissant volant, et pourvu que cet organe soit d'un diamètre et d'un poids convenables, il n'est même pas besoin qu'il soit animé d'une très-grande vitesse. Cela occasionne évidemment un surcroît de pression sur les coussinets des paliers et nécessite des massifs plus solides, mais on s'assure ainsi de tous les avantages de la machine à deux cylindres, car on peut donner de faibles vitesses aux machines et les appliquer directement aux appareils que l'on veut actionner.

Aussi voyons-nous les machines horizontales se généraliser dans les filatures où l'on a besoin d'une si grande régularité, et les voyons-nous aussi appliquées aux élévations d'eau pour l'alimentation des villes, service qui paraissait exclusivement réservé, ainsi que celui qui concerne la mouture du blé, aux machines verticales de Woolf. Et il est à remarquer que la commande des pompes se fait directement, ce qui suppose une vitesse de 15 à 18 tours et 25 au plus, vu la faible vitesse d'aspiration sur laquelle il faut compter pour augmenter le rendement des pompes. Quant à l'ovalisation des cylindres des machines horizontales, elle a été reconnue moins rapide qu'on l'avait redoutée, lorsque l'on prend les précautions ordinaires. M. Farcot même, qui le premier avait conçu l'idée ingénieuse d'équilibrer le piston en ménageant des chapelles à la partie inférieure des segments, a renoncé à cette disposition.

Les machines verticales à action directe sont encore moins nombreuses, ainsi que celles à cylindres conjugués inclinés, dont un type a été exposé par M. Flaud.

En prenant à chacun des principaux moteurs son avantage particulier, il nous paraît possible de résumer les conditions les meilleures que l'on devrait satisfaire, autant que possible, dans l'étude d'une machine à vapeur. Craignant de paraître prétentieux en indiquant des règles à suivre, généralement connues mais rarement réunies sur la même machine, nous laisserons à chacun de nos camarades le soin de déterminer ce qui, dans les moteurs signalés, lui paraît bon et préférable.

MACHINE A VAPEUR HORIZONTALE

A GRANDE VITESSE ET A CONDENSATION

SYSTÈME ALLEN

Construite par MM. WITHWORTH et Cie
de Manchester (1).

« Chi va piano va sano e va lontano. »

———

De toutes les machines que nous avons vues à l'Exposition, celle d'Allen a attiré plus particulièrement notre attention, autant par la nouveauté et la hardiesse de sa construction, que par la somme de perfectionnements qu'elle nous a paru réunir.

Sans montrer aucune idée de préférence pour les machines à grande vitesse, ni indiquer aucun terme de comparaison avec les nombreux moteurs exposés, nous n'en pensons pas moins que M. Allen a résolu, aussi ingénieusement que pratiquement, le double problème d'une machine à grande vitesse, condensant très-bien la vapeur, avec une pompe à air battant 400 pulsations simples à la minute; et nous nous sommes arrêté avec autant de plaisir que d'intérêt devant ce moteur, dont la manivelle

———

(1) Nous devons la communication des documents de cette intéressante machine à la bienveillante recommandation de M. Tresca, aujourd'hui membre honoraire de notre Société.

fait 200 tours, sans que l'on puisse sentir la moindre vi-
bration dans le bâti, ni entendre le moindre choc dans
les organes en mouvement, avec un vide régulier de
0^m,680 de mercure au condenseur. Nous donnons, pl. 28,
29 et 30, l'épure, quelques détails et deux vues d'ensemble de cette intéressante machine.

Description sommaire. — La vapeur arrive par le
tuyau inférieur *a*, circule dans la double enveloppe,
arrive dans la boîte à tiroirs, et passe dans le cylindre
où elle accomplit les phénomènes ordinaires. Sur l'arbre
de couche *b*, et derrière le palier du bâti, est monté un
excentrique circulaire *c*, dont le collier est en deux
pièces, l'une ordinaire, l'autre se terminant par une rainure en arc de cercle *e*, dans laquelle glisse un coulisseau *f* attaché à la bielle *g*. Cette bielle est articulée à
l'extrémité du levier *h*. Au sommet de l'arc du collier est
un axe *i*, qui commande les tiroirs d'échappement par la
bielle *j*, l'arbre manivelle *k*, et la barre *l*. Le mouvement
aux tiroirs de distribution est donné par le coulisseau *f*,
à l'aide des bielles *m n*, des doubles manivelles *o p*, em-
manchées l'une dans l'autre, et des barres *q r*. Le condenseur est situé immédiatement derrière le cylindre, et
la pompe à air participe directement du mouvement du
piston à vapeur. La vapeur d'échappement arrive par le
tuyau en fonte *t*, et l'eau d'injection par le tube *u*; *v* est
le conduit d'évacuation des eaux chaudes; le regard supérieur *x* est disposé pour la visite des soupapes de refoulement; les soupapes d'aspiration peuvent être visitées
par le regard latéral *y*.

Le cylindre est en porte-à-faux, et fixé au bâti par sa
bride antérieure, comme il est indiqué pl. 29. Les couvercles sont à double fond, communiquant avec l'enveloppe
et la boîte à tiroirs. L'alésage de l'enveloppe est de $\frac{1}{100}$ de
pouce anglais (0^{mm},25) plus petit que le diamètre de la

portée du cylindre. L'emmanchement de l'enveloppe sur
le cylindre a lieu à chaud, ce qui est plus coûteux, mais
préférable à l'emploi de la presse hydraulique. Le bâti,
contourné selon la figure indiquée en plan (pl. 28), se termine en forme de semelle, pour recevoir le palier. Sa
partie supérieure est en plate-forme unie, sur laquelle sont
venus des dressages recevant les paliers w, et les glissières y'. La bielle, en fer forgé, a une longueur égale à
trois fois la course ; la manivelle est un plateau en fonte,
poli sur sa face extérieure. Le palier (pl. 28, fig. 3) porte
deux vis latérales pour rattraper le jeu produit par la
poussée de la bielle. La transmission au régulateur a lieu
par courroie, ce que nécessite la grande vitesse qui ex-
clut les engrenages, dont l'emploi eut été préférable.
Le réglage des tiroirs de distribution se fait par des
manchons à filets inverses x' ; enfin, les pièces en mouvement et les articulations sont en acier ou en fer trempé.

La manivelle ne rabat pas sur le cylindre, ce qui a
pour effet de toujours appliquer le glisseur à la partie
inférieure des glissières où le graissage est plus facile.
On sait que quelques constructeurs préfèrent une marche
inverse, qui a pour effet d'appliquer le glisseur contre la
glissière supérieure, plus difficile à lubrifier, mais où la
valeur du frottement est moindre, par suite du poids des
pièces, qui neutralise en partie la composante due à l'o-
bliquité de la bielle.

Distribution. — La distribution, cette partie essentielle à toute machine économique en combustible, nous a
paru remarquablement bien étudiée. Le régulateur du
système Porter agit directement sur les tiroirs de distribution par le coulisseau f, qui monte ou descend suivant
la variation momentanée des allures de la machine. Chacun de ces tiroirs agit séparément pour un seul côté du
cylindre, admettant la vapeur par quatre arêtes à la fois,

ce qui permet de démasquer rapidement une large section de passage. La disposition du chapeau à serrage, permet, en équilibrant les tiroirs, de diminuer d'autant la valeur du frottement sur l'arc à coulisse, et, par suite, la résistance à vaincre par le régulateur. Les tiroirs d'échappement, solidaires l'un de l'autre, mais complétement indépendants des tiroirs de distribution, permettent l'évacuation par deux arêtes à la fois. Les chapelles où ils se meuvent laissent à peine le passage nécessaire à la vapeur, et les conduits sont très-courts. Les espaces nuisibles ne s'élèvent pas au $\frac{1}{50}$ du volume du cylindre.

Le piston étant en op, on voit qu'à ce moment, non-seulement l'introduction a lieu par quatre arêtes, mais encore elle correspond à la période la plus rapide de la course du tiroir. En effet, dans l'arc ab qui correspond au tiroir A, la plus grande vitesse est au point a, et pour un même arc ac, la projection la plus grande est $a'c'$. Ainsi se trouvent réalisées les meilleures conditions de distribution, par l'ouverture et la fermeture rapides de larges orifices, sans produire, comme l'excentrique circulaire, le laminage de la vapeur.

Le tiroir B fonctionne de la même manière, mais sa course est un peu plus grande, par suite de la position élevée assignée au coulisseau, et de l'obliquité de la bielle m, qui conduit à un arc ef, à gauche de l'axe pq, plus grand que l'arc $a''b''$.

Les positions relatives des tiroirs AB et des manivelles MM', correspondent, ainsi que les courbes de relation D, E, F, à la courbe c', que nous avons considérée comme indiquant une introduction *moyenne* de 1/2. Les courbes de relation montrent que, par suite de l'avance, cette introduction est même un peu plus grande. Or, une admission de 12 de la course, est défavorable à l'économie d'une bonne marche, et on ne doit la considérer qu'à

titre éventuel. La position la plus favorable est celle de la
courbe c''', qui correspond à une introduction de 3/8. Pour
cette courbe, la position moyenne des bielles $m\,n$, est sensiblement horizontale ; les arcs $e\,f$, $a''\,b''$ sont égaux, ainsi
que les sinus-verses des arcs $a\,b$, $e'\,f'$ correspondant aux
courses de tiroirs, et le levier VR du régulateur est en V' R.

Les courbes c', c'', c''', construites par analogie avec la
courbe invariable c, et dans la supposition que, dans une
course, le coulisseau ne glissera pas dans sa rainure, indiquent une introduction prépondérante d'un côté du
cylindre. Les admissions théoriques, sans avance, seraient
indiquées par les lignes $r\,s$-$r's'$-$r's''$; et avec avance,
par les lignes $t\,u$-$t'\,u'$-$t''\,u''$. Or, en considérant la fig. 2,
on voit que, par suite de la position du centre V, ces
lignes se confondent sensiblement avec les arcs $t\,u$-$t'\,u'$-
$t''\,u''$. Si donc le frottement du coulisseau dans sa rainure n'est pas au-dessus de l'effort qu'il faut pour faire
osciller le manchon du régulateur chargé par le poids T,
le point V ne changera pas pour une même détente, et le
centre du coulisseau décrira les arcs $t\,u$, $t'\,u'$...

Les tiroirs d'échappement, dont les conditions de marche
doivent rester invariables, quelle que soit l'admission, ont
une course égale à celle de l'excentrique. Celui-ci est
calé sur l'arbre de manière que son centre se trouve sur
le même rayon que le bouton de la manivelle. Sa course
est de 1/12 de celle du piston dont les positions semblables
correspondent aux points 1, 2, 3, du centre de l'excentrique. Cela posé, nous nous dispenserons de décrire la
construction des courbes dont tous nos camarades se ren-
dront un compte exact à l'inspection de l'épure.

Les centres des arcs NJ' N'K' sont situés sur la circonférence décrite par le bouton des manivelles de distribution.

La longueur des leviers LL' est telle que l'arc supérieur
étant à la hauteur de la courbe c, celui inférieur corres-
ponde à la course de l'excentrique, et soit coupé par

l'axe N N' par le milieu de sa flèche ; ce qui nécessite le déplacement du centre o.

Le tracé des courbes $c\,c'$ ...... indique suffisamment la marche relative des tiroirs et du piston. Nous avons ajouté celui des courbes D E F, qui montre encore mieux les relations de marche de ces divers organes. Leur inspection montre, en effet, que les tiroirs courent rapidement pendant l'admission et l'interception, qu'ils marchent plus lentement pendant la détente, et ne se meuvent presque pas pendant la période d'échappement.

Les courbes I F, dérivant de la courbe c', reproduisent la même prépondérance d'un côté du piston. L'examen de la courbe E montre que le recouvrement, ou l'avance à l'échappement, correspond au 1/14 de la course environ, pendant laquelle il y a une compression W, qui ne s'élève pas à une atmosphère, au moment où le tiroir admet rapidement par ses quatre arêtes avec une avance suffisante eu égard à la grande vitesse de la machine.

Condensation. — Le principe de la condensation à grande vitesse est particulier à la machine d'Allen. Cette partie essentielle du moteur n'est ni moins intéressante ni moins bien étudiée que la distribution.

Le plongeur A (pl. 29), attelé directement à la tige du piston à vapeur, est creux, afin que plongé dans l'eau et perdant de son poids, l'influence du porte-à-faux ne se fasse pas sentir sur la garniture B. Il est terminé en forme de boulet conique, pour faciliter son passage à travers la masse d'eau emmagasinée dans la chambre inférieure de la pompe à air. Le plafond c est percé de 6 larges orifices D, D', destinés à recevoir les sièges des soupapes. Deux nervures E, E, consolident ce plafond et descendent jusqu'au plongeur, dans le but de diviser la chambre inférieure en trois compartiments, ayant chacun une soupape d'aspiration et une de refoulement correspondante. Ces cloisons guident les oscillations de l'eau en même temps qu'elles en empêchent le mouvement de translation que produirait le piston et qui aurait pour effet de fatiguer l'armature des soupapes d'aspiration. La vapeur arrive par l'ouverture F dans la chambre de condensation G, où l'eau d'injection est dispersée en pluie fine par une pomme d'arrosoir hémisphérique, perforée de petits trous ; trois soupapes d'aspiration D écoulent vers la pompe à air, et trois autres semblables D′ fonctionnent au refoulement. La difficulté d'une condensation à grande vitesse était principalement dans le jeu des soupapes qui doivent battre 200 coups à la minute, sans choc ni mattage. On est arrivé à ce résultat en augmentant le nombre et le diamètre des soupapes, de manière à obtenir, pour une levée très-petite, de larges sections de passage, et à n'avoir sur les siéges qu'une pression très-faible par unité de surface, malgré l'action d'un ressort destiné à activer la fermeture.

Nous donnons (pl. 30) des diagrammes qui ont été relevés sur la machine, à l'aide d'un indicateur Richard, au moment où elle développait peu d'effort. Leur échelle est de 1 pouce anglais ($25^{mm},4$) pour une pression de 24 livres sur un pouce carré, soit une ordonnée de $25^{mm},4$ pour $1^k,68$ de pression par centimètre carré.

L'ordonnée moyenne des deux diagrammes AA′ est de de 5 mill., ce qui correspond à une pression moyenne par centimètre carré de $0^k,330$. Le diamètre du piston est de $0^m,305$, soit une surface totale de $0^m,0730$, et une pression effective de

$$0^{m2},0730 \times 0^k,330 = 240^k,9.$$

La course du piston étant de $0^m,610$, sa vitesse à 200 tours, est de $4^m,06$. L'effort kilogrammétrique correspondant aux diagrammes AA′ est donc :

$$240^k,9 \times 4^m,06 = 978 \text{ kilogr. ou 13 chevaux.}$$

En étendant les mêmes calculs aux diagrammes BB′ dont l'ordonnée moyenne est de 7^{mm},22, on trouverait un travail correspondant à 18^{ch},80.

Bien que l'instant de la détente soit difficile à préciser, on voit que l'introduction est très-faible : la sensibilité du ressort jointe à la grande vitesse de la machine, produit des réactions dans les courbes qui demandent à être régularisées.

La force indiquée de cette machine est de 100 chevaux (1). Nous croyons que c'est à l'indicateur, et que des expériences au frein auraient confirmé un résultat inférieur. Le prix est de 450 livres st. (11,250) à Manchester ; c'est le premier avantage de la grande vitesse : mais ici il paraît accompagné de l'avantage plus important d'une économie dans la consommation qui ne serait pas supérieure à 1^k,25 de houille par force de cheval et par heure. Reste la question d'usure qui sera toujours le défaut des machines à grande vitesse, malgré le choix des matériaux, la légèreté et la trempe des pièces.

Si nous osions critiquer quelque chose de cette machine, ce serait l'installation, telle, du moins, qu'elle a été faite au Champ-de-Mars. L'isolement du massif de la pompe à air peut contribuer, par un affaissement ou une déviation latérale, à fausser la tige commune aux deux pistons, et même à la rompre, ce que l'expérience a démontré.

De même que pour quelques-uns des moteurs qui précèdent, nous ne sommes pas entré dans le détail de la partie métallique de cette machine, que les dessins nous paraissent suffisamment indiquer.

____

(1) Le calcul indique qu'il faudrait une pression absolue de 4 kilog. par centimètre carré et une détente au 1/2 pour produire 137 chevaux théoriques. Dans ces conditions, la machine serait surchargée et sa marche peu économique.

Ainsi, on voit que pour obtenir un piston léger, afin de ne pas fatiguer la partie inférieure du cylindre, on l'a fondu creux et rigoureusement évidé. Les segments faits avec des barres d'acier sont, croyons-nous, martelés et cintrés dans une matrice, suivant le procédé employé par M. Farcot. On leur a donné une faible hauteur pour faciliter leur application complète contre la paroi du cylindre; mais il nous semble qu'en raison même de cette faible hauteur, les deux seuls segments indiqués sont insuffisants, malgré le choix de l'acier et la légèreté du piston.

On voit aussi les soins que l'on a pris pour envelopper de vapeur le cylindre et ses fonds, garantis en outre, contre le refroidissement extérieur par une enveloppe en bois.

Il nous semble donc que les dessins donnent l'idée la plus complète de la machine, tant au point de vue de son installation que de son exécution, et nous ne nous y arrêterons pas davantage.

D'autres moteurs moins importants, à échappement libre, ont été exposés par Messieurs Withworth et Cie. Dans la section de l'un deux, faite par le milieu du cylindre, est indiqué un piston léger, en fer forgé, évidé, portant dans sa hauteur un certain nombre de rainures annulaires peu profondes : la vapeur en s'y condensant, établirait autant de bourrelets hydrauliques dont le frottement serait très-doux, tout en produisant un joint étanche.